Modern
ITALIAN
Grammar
WORKBOOK

Routledge Modern Grammars

Series concept and development – Sarah Butler

Modern French Grammar
Modern French Grammar Workbook
Modern German Grammar
Modern German Grammar Workbook
Modern Italian Grammar
Modern Italian Grammar Workbook
Modern Spanish Grammar
Modern Spanish Grammar Workbook

Modern ITALIAN Grammar WORKBOOK

Anna Proudfoot

London and New York

First published 1999 by Routledge
2 Park Square, Milton Park, Abingdon, Oxon, OX14 4RN

Simultaneously published in the USA and Canada
by Routledge
270 Madison Ave, New York, NY 10016

Reprinted 2000, 2003, 2005

Routledge is an imprint of the Taylor & Francis Group

Typeset in Utopia by Solidus (Bristol) Ltd
Printed and bound in Great Britain by TJ International Ltd, Padstow, Cornwall

British Library Cataloguing in Publication Data
A catalogue record for this book is available from the British Library

ISBN 0-415-12095-0

To Franco,

for his help

and friendship

and to my family

for their support

Contents

Introduction

Modern Italian Grammar Workbook was designed as the companion volume to the Routledge *Modern Italian Grammar*, but can also be used entirely independently or as back-up to other courses or grammar texts. Since all instructions are in English, and clear examples are given with most exercises, it can be used either by students on their own or in class with a teacher. There is an Answer key at the end of the book which will allow you to check your answers as you go. *Modern Italian Grammar Workbook* is designed to suit learners at all levels from near-beginner to the final year of a degree course.

The course books and textbooks published over the last two decades are based on the principles of the communicative approach to language learning, which recognises that the objective of any language learner is to communicate, to get one's message across, and that there can be many different ways of doing this, rather than a 'right' way and a 'wrong' way. The communicative approach emphasises language functions rather than structures. Traditional reference grammars present language by structure, often making them inaccessible to learners with no knowledge of grammatical terminology.

Both *Modern Italian Grammar* and *Modern Italian Grammar Workbook* help you learn how to express specific language functions, but at the same time also help you revise language structures and forms.

The Workbook is divided into three sections: Section 1 Structures, Section 2 Language functions and Section 3 Scenes. The exercises in Section 1 are more traditional in kind, focusing on language structures and forms as much as on usage. Section 2 is based on individual functions, for example, 'Asking about availability'. In Section 3 the language functions are set in short scenes; for example in 'Organising a conference' the functions include: asking questions, expressing opinions, talking about future plans.

Cross-references allows readers who have *Modern Italian Grammar* to find out which chapters they can read for help, at the same time allowing readers with other grammars or course books to know which point to look up in their own book.

Terminologia is a helpful guide to English and Italian grammar terminology; if your textbook is written entirely in Italian, this will help you find the grammar point you want to practise.

I have chosen to feature, in many exercises of the book, two particular groups of people: some English students on work placement in Italy, and the employees of an Italian company. To those of my students, friends and others who may recognise themselves in some exercises, thank you for lending your name!

Buono studio!

Anna Proudfoot

How to use this book

I hope this book will encourage you to practise the Italian you have learnt and to test your progress. Some spoken skills such as pronunciation, intonation and stress cannot be practised in a book. But grammar structures are the foundation of any language, and this book will show you which particular ones you need to focus on in your learning.

The exercises are of mixed levels of difficulty. Each exercise can be carried out independently, and you can jump from one exercise to another, or from one section to another. You don't have to start at the beginning and work through the book.

Some grammar points are naturally more difficult than others and some functions more difficult to express; in Section 2 the complex sentences involving the subjunctive tend to be grouped from exercise 90 onwards. But remember that each learner is different; some people find the imperfect subjunctive easy, but have problems with prepositions, while others are good at most things except pronouns. So choose which exercises *you* need to do (or ask your teacher).

Section 1 Structures (exercises 1–60) practises individual grammatical structures – the 'building blocks' of Italian – nouns, adjectives, articles, verbs, pronouns, conjunctions, prepositions and adverbs. Use it when you need to practise one particular grammar point, for example the imperfect, *preposizioni articolate* such as *nel*, *dal*, or noun–adjective agreement.

Section 2 Functions (exercises 61–124) practises individual communicative 'functions' such as 'giving personal information', 'asking someone to do something', 'describing something', etc. Use this if you want to learn or practise the different ways of saying something. Expressing a wish or desire, for example, can be as easy as saying *Voglio un caffè* (or more politely *Vorrei un caffè*) or a more complicated sentence such as *Vorrei che il mio amico mi portasse a cena*, involving the subjunctive. The functions practised are the same as those illustrated in *Modern Italian Grammar*. You will also sometimes find cross-references for Section 1 suggesting which exercises to use for additional practice.

Section 3 Scenes (scenes 1–24) provides practice on groups of functions and on special types of language, for example, telephoning and letter writing. It is useful for making a final check on what you know or for practising a particular situation.

There is an Answer key for all three sections at the end of the book.

At the end of the book, there is an alphabetical *Index*. Grammar structures, communicative functions and key words are all listed in alphabetical order, with both Italian and English terms used.

Remember: only look up the answer <u>after</u> you have done the exercise!

1 *Structures*

Nouns and articles

1

Choosing *un, una, uno, un'* (the indefinite article)

Add the correct form of the indefinite article **un**, **una**, **uno** or **un'**. The words have been grouped into categories:

> *Example*
> macchina – **una macchina**

Al bar

1. caffè *un*
2. aranciata *un'*
3. toast *un*
4. bibita *una*
5. bicchiere di vino *un*
6. spremuta *una*
7. spuntino *uno*
8. aperitivo *un*

La famiglia

9. cugina *la*
10. zio *lo*
11. zia *la*
12. nipote *il*
13. fratello *il*

Il lavoro

14. dentista *il/la*
15. medico *il*
16. insegnante *l'*
17. studente *lo/la*
18. psichiatra *lo/la*
19. professore *il te*
20. professoressa *la*

2

Not one but two! (the plural)

Change into the plural using **due**:

> *Example*
> una cassetta – **due cassette**

A scuola

1 un insegnante
2 uno studente
3 un corso
4 una classe
5 un'aula
6 uno sbaglio

Tempo libero

7 un giornale
8 un'automobile
9 un viaggio
10 un ristorante
11 un bar
12 un cinema
13 un'amica

La casa

14 una casa
15 uno specchio
16 una camera
17 un divano
18 uno studio
19 una radio
20 un salotto

3 Choosing *il, la, lo, l'* (the definite article)

Add the correct form of definite article **il, la, lo, l'**. All these examples are singular.

Example
specchio – **lo specchio**

A scuola

1 agenda
2 orario
3 studente
4 studentessa
5 modulo

Al mare

6 ombrellone
7 spiaggia
8 sedia a sdraio
9 mare
10 costume

4 Choosing *i, le, gli* (the definite article in plural form)

Here are some plural nouns. Choose the correct form of definite article **i, gli, le**:

Example
macchine – **le macchine**

Structures

I vestiti

1 occhiali *gli*

2 calzini *i*

3 scarpe *le*

4 sandali *i*

5 calze *le*

La città

6 autobus *gli, le*

7 vigili *i*

8 automobili *gli*

9 semafori *i*

10 alberghi *gli*

5 | ## More of the same (the definite article singular and plural)

Now here are some singular and plural nouns mixed up. Add the correct definite article. You may have to check in the dictionary whether a word is masculine or feminine, singular or plural. Watch out for **pesce** and **pesche**.

> *Example*
> ristorante – **il ristorante**

Al ristorante

1 carne *la*

2 pesche *le*

3 aranciata *l'*

4 pesce *il*

5 spaghetti *gli*

Vita quotidiana

6 chiavi *le*

7 maglia *la*

8 orologi *gli*

9 scarpe *le*

10 automobile *l'*

Adjectives

6 | ## Describing things and people (adjectives)

Complete the sentence with the appropriate adjective of nationality in the correct form, adding any other words necessary:

> *Example*
> Berlino è una città **tedesca**.

Le città

1 Roma è una città ___ *italiana*

2 Parigi e Marsiglia sono città ___ *francesi*

3 Bonn e Heidelberg sono città ___ *tedesche*

4 Londra e Birmingham sono città ___ *inglesi*

5 New York e Washington sono città ___ *americane*

6 Stoccolma e Uppsala sono città ___ *svedesi*

7   Berna e Zurigo sono città ___ *svizzere*

8   Tokyo è una città ___ *giapponese*

Le automobili

9   La 'Tipo' è un'automobile ___ *italiana*

10   La 'Brava' e la 'Punto' sono automobili ___ *italiane*

La stampa

11   *La Repubblica* è un giornale ___ *italiano*

12   *La Stampa* e *il Corriere* sono giornali ___ *italiani*

13   *Oggi* è una rivista ___ *italiana*

14   *Oggi* e *Grazia* sono riviste ___ *italiane*

Al cinema

15   Pasolini era un regista ___ *italiano*

16   I fratelli Taviani sono registi ___ *italiani*

17   Marcello Mastroianni era un attore ___ *italiano*

18   Sofia Loren è un'attrice ___ *italiana*

19   Meryl Streep è un'attrice ___ *americana*

20   Michael Douglas è un attore ___ *americano*

7A   More descriptions (adjectives)

To complete the sentence, choose an appropriate adjective from the list below and make sure it has the correct ending:

grande/piccolo	bello/brutto	alto/basso	simpatico/antipatico
costoso/economico	nuovo/vecchio	intelligente/stupido	fresco/tiepido
caldo/freddo	interessante/noioso	originale/tradizionale	vuoto/pieno
pulito/sporco	affollato/elegante		

Example

La casa è ___

La casa è **piccola**.

1   Il cane è ___

2   Il portafoglio è ___

3   L'accendino è ___

4   Il libro è ___

5   La casa è ___

6   La bibita gassata è ___

7   La strada è ___

8   La lezione è ___

9   Lo studente è ___

10   La stazione è ___

11   Il caffè è ___

12   Il ristorante è ___

13   La professoressa è ___

14   Il nostro insegnante è ___

15   La sorella di Marco è ___

7B

And now put them into the plural!

Example

La casa è piccola.

Le case sono **piccole**.

8

It's beautiful! (forms of *bello*)

Your friend has just moved. You like everything about your friend's new house and garden. Insert the correct form of **bello** to complete these exclamations:

Example

Che (**bell'**)entrata!

Singular

1   Che _____ ingresso!

2   Che _____ camera da letto!

3   Che _____ divano!

4   Che _____ panorama!

5   Che _____ specchio!

6   Che _____ giardino!

7   Che _____ albero in giardino!

Plural

8   Che _____ sedie!

9   Che _____ alberi!

10   Che _____ bicchieri!

11   Che _____ poltrone!

12   Che _____ tappeti!

9

It's delicious! (forms of *buono*)

Example

Che (**buon'**)insalata!

Your friends have just cooked a lovely meal. Express your appreciation. Insert the correct form of **buono** to complete the phrases below:

1   Che _____ tagliatelle!

2   Che _____ frittata!

3   Che _____ vino!

4   Che _____ spezzatino!

5   Che _____ dolci!

10

Buona fortuna! (forms of *buono*)

Italians have various ways of wishing someone luck for various occasions. See you if you can remember which form of **buon** to use:

1   _____ divertimento!

2   _____ viaggio!

3   _____ studio!

4   _____ appetito!

5   _____ feste!

6   _____ Pasqua!

11 — *più* or *meno*? (making a comparison)

Complete these comparative sentences with either **più** or **meno** as appropriate:

1 Luciano Pavarotti è ____ grasso di José Carreras. *più*
2 Le automobili inglesi sono ____ eleganti di quelle italiane. *meno*
3 Il lavoro è ____ importante della famiglia. *meno*
4 La dieta americana è ____ sana di quella mediterranea. *meno*
5 I libri di Eco sono ____ difficili di quelli di Sciascia.
6 Fare il windsurf sarebbe ____ divertente che fare questi esercizi. *più*
7 Cucinare è ____ bello che mangiare. *meno*
8 Le autostrade italiane sono ____ pericolose di quelle inglesi. *più*

12 — *bello – bellissimo* (superlative adjectives)

Your Italian friend thinks everything in England is wonderful. What did she actually say?
Complete these sentences using an appropriate superlative adjective, for example **bellissimo**,
buonissimo:

> *Example*
> I giardini inglesi sono **bellissimi**.

1 La regina Elisabetta è ____ *bellissima*
2 Il Lake District è ____ *bellissimo*
3 La Rolls Royce è ____ *buona buonissimo*
4 Gli inglesi sono ____ *buonissimo*
5 Oxford è ____ *bellissima*
6 Gli studenti inglesi sono ____ *bellissi buonissimi*
7 Il tempo è ____ *buonissimo*
8 Le patate fritte sono ____ *buonissime*
9 I tuoi compagni di classe sono ____ *buonissimi*
10 La tua insegnante è ____ *bellissima*

Verbs

13 — You're joking! (present tense: regular verbs)

Nobody is listening to you, so you decide to say some pretty improbable things to see if that
makes your friends pay attention. Complete the sentence using the correct present tense
form of the verbs shown in brackets:

> *Example*
> giocare
> Vostro figlio **gioca** con un coltello.

1 I vostri bambini (**guardare**) la televisione per 8 ore al giorno. *guardano*
2 Gli studenti (**leggere**) i giornali italiani con molto entusiasmo. *leggono*
3 Ragazzi, (**cucinare**) voi stasera. Io sono stanca. *cucinate*
4 I nostri vicini di casa non (**pulire**) mai la casa; è sporchissima. *puliscono*
5 Io (**finire**) le lezioni alle 2.00 di notte. *finisco*
6 Il treno da Napoli a Roma (**partire**) solo una volta alla settimana. *parte*
7 Voi (**bere**) 4 bottiglie di whisky al giorno. Siete sempre ubriachi*. *bevute*
8 Io e il mio amico (**studiare**) tutte le sere. Non (**avere**) mai tempo per uscire. *studiamo abbiamo*

* *ubriachi* 'drunk'

▬ 14 ▬

Talk about yourself (present tense: regular verbs)

Practise asking and answering these questions by yourself. You can use them later to find out all about your classmates or friends:

Verbs with -*are*
1 A che ora **pranzi**?
2 Dove **lavori**? Dove **abiti**?
3 Cosa **mangi** per prima colazione?
4 **Giochi** a qualche sport?
5 Che lingue **parli**?

Verbs with -*ere*
1 Cosa **leggi** di solito? Un quotidiano? Una rivista?
2 A che ora **prendi** l'autobus o il treno per andare a casa?
3 **Scrivi** lettere o cartoline agli amici?
4 **Conosci** qualche personaggio famoso?
5 Cosa **vedi** alla televisione? Il telegiornale, i film?

Verbs with -*ire*
1 La sera **senti** la radio o la musica?
2 **Preferisci** il caffè o il tè? **Preferisci** il vino o la birra?
3 **Capisci** la lezione? **Capisci** l'italiano?
4 A che ora **finisci** la cena? A che ora **finisci** i compiti la sera?
5 **Offri** un caffè agli amici qualche volta? Ogni quanto? Una volta alla settimana? Una volta al mese?

▬ 15 ▬

'can', 'want to', 'must', *etc.* (the present tense: common irregular verbs)

It is Sunday evening. As usual your house and family are in a state of chaos, as everyone prepares for the week ahead. Here are some of the comments heard; complete them with the correct present tense form of the verbs **andare**, **venire**, **volere**, **potere**, **dovere**:

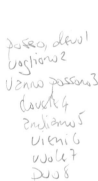

1 Mamma, non (**potere**) aiutarti. Domani c'è lezione d'italiano; (**dovere**) fare i compiti.
2 I bambini invece non (**volere**) fare i compiti di francese.
3 I ragazzi inglesi non (**andare**) a scuola il sabato; (**potere**) fare i compiti sabato. Beati loro!
4 Voi (**dovere**) anche mettere in ordine la vostra stanza, ragazzi.
5 Non c'è niente da mangiare in casa. Perché non (**andare**) a mangiare la pizza?
6 Perché non (**venire**) anche tu stasera, Marco?
7 Marco non (**volere**) andare alla pizzeria in Piazza Dante.
8 Carla ha un'allergia. Non (**potere**) mangiare la pizza ai funghi.

▬ 16 ▬

Say no, but find an excuse (the present tense: common irregular verbs)

You or whoever is being asked should answer all the questions below in the negative, and provide an excuse. In your reply, use **dovere**, **potere**, **volere**, **andare** and **venire** at least once:

Example
Mi presti la tua giacca?
No, non ti **presto** la mia giacca – **puoi** mettere la tua.
No, non **voglio** prestarti la mia giacca – **puoi** mettere la tua.

1 Vieni a casa mia domani?
2 Mi presti la tua maglia verde?
3 Il tuo meccanico ripara la macchina in pochi giorni?

4   Facciamo i compiti dopo cena?
5   Bambini, volete guardare la televisione?
6   Gli studenti scrivono gli esercizi senza problemi?
7   Il Papa guida l'automobile a Roma?
8   Tua madre prepara gli spaghetti ogni sera?
9   Mangiate i calamari quando siete al mare?
10   Tu compri i giornali italiani?

17

The end-of-term party (the present tense: regular and irregular verbs)

Three of your classmates, Piero, Carlo and Gianna, are organising an end-of-term party. You overhear snatches of their conversation. Complete them using the correct present tense form of the verbs indicated:

1   Nella classe d'italiano ci (**essere**) venti studenti. Li invitiamo tutti?
2   Piero, mi (**dare**) l'elenco dei nomi?
3   Gianna, se (**tenere**) la mia penna, vado a fare una telefonata.
4   Se volete, (**fare**) tutto io.
5   Cosa (**fare**) gli altri? Anche loro (**dovere**) aiutare.
6   Se quelle sedie (**rimanere**) nell'altra stanza, abbiamo più spazio.
7   Volevamo un po' di musica, ma nessuno (**sapere**) suonare la chitarra.
8   (**Pagare**) noi il vino? Poi chiediamo i soldi agli altri.
9   Intanto i costi (**salire**) alle stelle.
10   Come (**stare**), professor Parisi? (**Venire**) anche Lei alla festa?

18

Help! (the present tense of *sapere*)

Your hopeless friend is coming out with you tonight. She rings you up every 5 minutes with a question or problem. Complete her sentences with the correct present tense form of **sapere**:

1   Chiamami più tardi per la conferma. _____ il mio numero di telefono, vero?
2   I miei amici non _____ ancora se vengono.
3   Voi _____ dove si trova il ristorante? Allora vengo prima a casa vostra, così possiamo andare insieme.
4   Mara, mi sono persa. Non _____ come arrivare a casa vostra.
5   Aiuto! Io non _____ parcheggiare la macchina nel vostro garage.

Other tenses

19

Gli anni '50 (the imperfect tense)

Complete the gaps in this account of life in the 1950s with the imperfect tense of the verb shown in brackets:

Quando io (**essere**) ragazza, la vita (**essere**) molto diversa. Non si (**potere**) fare le cose che fate voi giovani oggigiorno!

Io (**vivere**) in un piccolo paese nel sud d'Italia. Non c'(**essere**) discoteche; non c'(**essere**) neanche un cinema. La sera i giovani (**fare**) la passeggiata lungo la via principale. Ma le ragazze (**venire**) sempre accompagnate da una zia o da un'altra parente.

Mio padre (**fare**) l'insegnante e quindi noi (**conoscere**) molta gente in paese. In famiglia (**essere**) in cinque: mio padre, mia madre, i miei fratelli ed io.

I miei fratelli (**potere**) uscire di sera, anche non accompagnati. Io invece (**dovere**) sempre essere accompagnata da una parente.

Anche a casa la vita (**essere**) più semplice. Come tutte le famiglie italiane di quel periodo, (**consumare**) poca roba confezionata. (**Mangiare**) i prodotti sani delle nostre campagne – meno carne certamente, più frutta e verdura – e (**bere**) il vino nostro fatto in casa.

20 **Una giornata stressante (the imperfect tense)**

Tell your friend about your first day at university, using the following verbs at least once: **aspettare, bere, dovere, essere, fare, leggere, mangiare**.

C' _____ tanta confusione. Tutti gli studenti _____ la coda fuori dell'aula principale dove _____ iscriversi. Altri avevano già finito e _____ alla mensa o _____ al bar. Noi _____ gli ultimi quel giorno, e quindi quando siamo arrivati in biblioteca per fare la tessera, _____ già chiusa. La mia amica aveva portato un libro e lo _____ mentre _____

21 **Le nostre vacanze (past participles)**

You have been on holiday at the seaside with your mother. On your return you write a letter to a friend in Milan, telling her all about it. Here are some sentences from the letter; complete them with the correct past participle:

Example
Ho (**mangiare**) troppa pasta.
Ho **mangiato** troppa pasta.

1 Ti avevo (**dire**) che eravamo in un posto molto tranquillo, no?
2 Ci hanno (**dare**) una stanza che si affacciava sul mare.
3 Mia madre ha (**leggere**) tantissimi libri e tantissime riviste.
4 Ho (**fare**) tanti bagni. Il mare era stupendo.
5 Abbiamo (**vedere**) un film bellissimo.
6 A proposito di ragazzi, tu hai (**scrivere**) a Filippo?

22 **Le nostre vacanze (the *passato prossimo*)**

Continue your story of the holidays, but this time you have to form the whole verb in the compound tense, not just the participle:

Example
Mia madre (**leggere**) moltissimi libri in vacanza.
Mia madre **ha letto** moltissimi libri in vacanza.

1 Mia madre ed io non (**avere**) nessun problema a trovare una camera.
2 Mio padre (**partire**) prima di noi.
3 Martedì (**vestirsi**) da vere signore, con tutti i nostri gioielli, per andare ad una festa alla villa dei nostri amici milanesi!
4 Tutti (**divertirsi**) da matti.
5 E tu dove (**essere**) quest'estate?

23 ***Avere* or *essere*? (transitive/intransitive verbs)**

There are many verbs that can use **avere** or **essere**, depending on whether they are being used transitively or intransitively. Examples of verbs that can be used transitively (with an object) or intransitively (without an object) include *aumentare, diminuire, passare*. There are other verbs that can use **avere** where you expect them to use **essere**, for example intransitive verbs such as *costare, correre, passeggiare*. For each statement below, select the option(s) you think is/are correct. There might be more than one solution:

1 (a) Ho passato la farmacia.
    (b) Ho passato davanti alla farmacia.
    (c) Sono passato davanti alla farmacia.
2 (a) I costi sono aumentati molto.
    (b) I costi hanno aumentato molto.
    (c) I costi sono aumentato molto.
3 (a) Abbiamo passeggiato lungo il fiume.
    (b) Siamo passeggiati lungo il fiume.
    (c) Abbiamo passeggiati lungo il fiume.
4 (a) I prezzi sono saliti.
    (b) I prezzi hanno salito.
    (c) I prezzi si sono saliti.
5 (a) Abbiamo vissuto insieme per trenta anni.
    (b) Abbiamo vissuto una vita tranquilla.
    (c) Siamo vissuti insieme per trenta anni.

24 — **I'll do it later (the future tense)**

Answer the question, using the verb supplied, in the future tense, giving an alternative time or even an alternative activity:

1 Sei mai stato negli Stati Uniti?
    No, ma ci (**andare**) l'anno prossimo con mio marito.   *andrò*
                                                               essagiarò
2 Hai mai assaggiato il tiramisù?
    No, ma lo (**assaggiare**) domani sera a casa di Daniela.
3 Tuo marito ti ha dato dei fiori per il tuo compleanno?   *darò*
    No, ma me li (**dare**) domani, spero, per il nostro anniversario di matrimonio.
4 I tuoi genitori sono venuti a trovarti a Oxford?
    No, ma (**venire**) a Natale.   *venirò*
5 Facciamo l'arrosto domenica prossima come al solito?
    No, se c'è bel tempo (**fare**) un picnic.   *faremmo*
6 Hai comprato un regalo per i tuoi figli?
    No, (**cercare**) qualcosa in centro oggi pomeriggio.   *cercò*
7 Va bene se veniamo da voi a Ferragosto?   *saremmo*
    No, venite dopo. A Ferragosto (**essere**) in campagna dai miei suoceri.
8 Hai studiato tanto! Non sei stanca?
    Sì, ma (**riposarsi**) una volta finiti gli esami.   *sarò riposato*

25 — **I'll do it tomorrow (the future tense)**

This is a similar exercise to the previous one, but involves the use of object pronouns. Never do today what you can put off until tomorrow! Your mother is nagging as usual, asking you whether you have done something or other. Answer her question, saying that you will do something **domani, più tardi, la settimana prossima, fra poco, oggi pomeriggio, lunedì, stasera**, etc. If you have learnt pronouns already, use an object pronoun (direct object such as **lo, la**; indirect object such as **gli, le**; combined pronoun such as **me lo, glielo**) to replace the noun object:

Example
Hai scritto il tema?
Scriverò il tema domani.
(**No, lo scriverò** domani.)

1 Hai telefonato a Carlo? *[handwritten: Non, gli telefonerò]*
2 Hai scritto alla zia per ringraziarla? *[handwritten: Non, le scriverò]*
3 Hai fatto i compiti di francese? *[handwritten: Non, li farò]*
4 Hai studiato i verbi italiani? *[handwritten: Non, li studierò]*
5 Hai riparato la gomma della bici? *[handwritten: Non, la riparerò]*
6 Hai lavato la macchina per tuo padre? *[handwritten: Non, la laverò]*
7 Hai pulito la tua stanza? *[handwritten: Non, la pulirò]*
8 Hai preso la medicina? *[handwritten: Non, la prenderò]*
9 Sei andato/a dal dentista stamattina? *[handwritten: Non, vi andrò]*
10 Hai ricordato a Marco di venire sabato? *[handwritten: Non, gli ricorderò]*

26

Mai più! (the future tense)

After a bad experience, you say that you – or someone else – will never do something again! Find the correct future form of the verb in brackets:

1 Il bambino non (**dire**) mai più le bugie! *[handwritten: Non mai dirò]*
2 Susy non (**guidare**) mai più così velocemente. *[handwritten: non guiderà]*
3 Tu non (**mangiare**) mai più tanto cioccolato! *[handwritten: non mangiare]*
4 Siamo molto offesi. Non (**venire**) mai più a casa vostra. *[handwritten: verremmo]*
5 Mi sento proprio male. Non (**bere**) mai più tanto whisky. *[handwritten: bevò]*
6 Voi non (**cercare**) mai più i funghi! *[handwritten: cercarte]*
7 Mio padre non (**pagare**) mai più con la carta di credito. *[handwritten: pagarà]*
8 I nostri amici non (**ottenere**) mai più il permesso di uscire la sera. *[handwritten: ottenemmo]*

Conditional mood

27

La vacanza ideale (the present conditional)

What would you do if you had a limitless supply of money to spend on a holiday and could take anyone you like? Complete the story of your dream holiday by transforming the verbs in brackets into the present conditional (**parlerei**, etc.):

(**Andare**) in Italia. (**Scegliere**) un posto tranquillo al mare, forse in Sicilia o in Sardegna. *[handwritten: Andrei / Andrebbe; Sceglierei]* (**Venire**) anche il mio ragazzo. (**Rimanere**) per 10 giorni o forse 15. (**Avere**) una bella camera con bagno tutta per noi. (**Essere**) gli unici ospiti nell'albergo. *[handwritten: saresti / saremmo]*
(**Stare**) a letto fino alle 10.00. Di giorno il mio ragazzo (**fare**) tanti bagni al mare, mentre io *[handwritten: staremmo; farei]* (**abbronzarsi**) al sole e (**mangiare**) tanti gelati. Di sera, (**andare**) in un ristorante romantico, vicino al mare. (**Mangiare**) il pesce fresco e (**bere**) tanto spumante. Dopo tanto relax, (**essere**) *[handwritten: mi sarei abbronzata; saremmo]* contenta di tornare al lavoro!

28

Finding an excuse (the present conditional)

You have decided not to attempt any New Year's resolutions. Anyway you never manage to keep them. Use the present conditional to make up sentences based on the phrases below, and adding any excuse you can think of, for not doing things:

Example

studiare l'italiano

Studierei l'italiano, **ma sono troppo stanca.**

1 Fare i compiti
2 Venire in chiesa con te
3 Lavorare in giardino
4 Pulire la casa
5 Giocare a tennis
6 Smettere di fumare
7 Leggere tutti i romanzi di Tolstoy
8 Scrivere un romanzo
9 Bere meno birra
10 Mangiare meno cioccolato

Reflexive verbs

29   **The morning rush (the reflexive verbs: present tense)**

Now complete this story of a typical morning in someone's house with one of the reflexive verbs given below, in the present tense (**mi lavo**, etc.):

alzarsi	arrabbiarsi	lavarsi	mettersi	prepararsi	svegliarsi
truccarsi	vestirsi				

Di solito (io) ___ alle 6.00. ___ i denti, ___, ___ la camicetta, la maglia, e i pantaloni. Mio marito invece ___ alle 7.00. Prepara il caffè e dopo colazione ___ e ___ per andare a lavorare. I bambini ___ alle 7.00 o alle 7.15, e dopo 10 minuti ___ con grande difficoltà. Il piccolo è sempre di malumore la mattina e ___ con tutti.

30   **The morning rush gone wrong (the reflexive verbs: *passato prossimo*)**

Now complete the story of what happened the morning the alarm failed to go off, this time using the reflexive verbs given below, in the *passato prossimo* (**mi sono lavata**, etc.):

alzarsi	arrabbiarsi	lavarsi	mettersi	prepararsi	svegliarsi	truccarsi
vestirsi						

Stamattina (io) non ___ alle 6.00 come al solito, perché la sveglia non ha suonato. Non ___ i denti perché non c'era tempo. Non trovavo una camicia pulita e allora ___ la maglia sporca e i pantaloni di mio figlio. Mio marito dormiva ancora e ___ solo alle 8.45, furibondo perché non l'avevo svegliato. I ragazzi ___ alle 8.00 e infatti hanno perso l'autobus. Il piccolo ___ con suo fratello perché non trovava le scarpe. È andato a scuola con i sandali.

31   **A letter from Giuseppina (the reflexive verbs: present, future, *passato prossimo*)**

Marco's friend Giuseppina has sent him a Christmas letter with all her family's news and asking him how he got on in England. Fill in the gaps in these extracts with the correct reflexive verb, either in present tense (**mi alzo**), future (**mi alzerò**) or the *passato prossimo* (**mi sono alzato**).

[handwritten: Verrei - venire / Vorrei?]

Possible verbs include **iscriversi, laurearsi, prepararsi, sposarsi, trovarsi**.

1 L'anno prossimo Mario e Carla —— ad Assisi; è un bellissimo posto per fare i matrimoni. *[handwritten: Si sono sposati]*
2 Come —— a Londra, Marco? Stai ancora facendo il corso d'inglese? *[handwritten: stai si trova]*
3 Le figlie dei nostri amici —— molto bene l'anno scorso, perché tutti sono stati molto gentili con loro.
4 Come sai, Teresa faceva lingue all'università; ha finito tutti gli esami e —— l'anno scorso. *[handwritten: si è laureata]*
5 Anche Giorgio —— all'università. Se tutto va bene, —— fra 4 anni. *[handwritten: si iscrive   sarà laureato si laurerà]*
6 E un'ultimissima notizia sulla nostra famiglia: anch'io —— a cambiare lavoro!

Gerund

32

Cosa fa Marco? (*stare* (present tense) + gerund)

Mental charades! Guess from the props – e.g. bottle – what Marco is doing, answering the questions using **stare** in the present tense and the gerund:

Example
Cosa fa Marco? (la bottiglia)
Sta bevendo.

1 Cosa fa Marco? (la forchetta)   *[handwritten: sta mangiando]*
2 Cosa fa Marco? (la bibita)   *[handwritten: sta bevendo]*
3 Cosa fa Marco? (il detersivo per piatti)   *[handwritten: sta lavorando]*
4 Cosa fa Marco? (il dizionario italiano)   *[handwritten: sta cercando]*
5 Cosa fa Marco? (la tazza)   *[handwritten: sta bevendo]*
6 Cosa fa Marco? (a letto)   *[handwritten: sta dormendo]*
7 Cosa fa Marco? (il CD)   *[handwritten: sta ascoltando]*
8 Cosa fa Marco? (la penna)   *[handwritten: sta scrivendo]*
9 Cosa fa Marco? (la pentola)
10 Cosa fa Marco? (la rivista)   *[handwritten: sta leggendo]*

33

What were you doing? (the gerund)

Talk about what you and your friends have been doing recently. Replace the word in bold with a gerund (**-ando/-endo**), making any changes necessary, to express what people were doing at the time of the main action or to give the reasons behind the main action:

Example
Gianna **faceva** le spese in centro. Ha visto Marco.
Facendo le spese in centro, Gianna ha visto Marco.
(While she was shopping in the city centre, Gianna saw Marco.)

Now you try!   *[handwritten: Parcheggiando]*
1 **Parcheggiavo** la macchina in centro. Ho visto un vigile.
2 Marco **andava** a scuola di corsa. Ha sentito la mia voce.   *[handwritten: andando]*
3 **Prendevamo** un caffè al bar. Abbiamo visto i ragazzi.   *[handwritten: Prendendo]*
4 I ragazzi **sono arrivati** alla stazione alle 11.00. Hanno visto il treno per Milano già in partenza.   *[handwritten: stavano arrivando]*
5 Mio fratello **sciava** sulle Dolomiti e si è rotto la gamba.
   [handwritten: sta sciando]

Imperative

34

Do this! Do that! (the *Lei* form of imperative)

Life sometimes seems like a continuous stream of instructions. Here are some instructions and invitations often heard. Complete the sentences with the **Lei** form of the imperative, choosing from the verbs below:

accomodarsi	andare	attendere	dare	fare	portare	scusare
sentire	stare	venire				

Example
Buongiorno, signora! **Dica!**

1 ——, volevo parlarLe un attimo.
2 *(On the phone)* —— un momento. Gliela passo.
3 ——, non ho capito.
4 Ci —— il conto, per favore.
5 Prego! ——, signor Bianchi!
6 —— tranquilla, signora. Non c'è pericolo.
7 Mi —— il passaporto, per favore.
8 Se vuole telefonare, —— pure. Io l'aspetto.
9 Il cinema? La seconda strada a sinistra, —— sempre diritto, ed è lì in fondo.
10 La accompagno in camera, dottoressa. —— con me.

35

Do this! Do that! (the other forms of imperative: *voi, tu*)

You are teaching English to a group of Italian students. Try and get them to stay quiet and concentrate by shouting the following orders (we have supplied a list of the verbs you need):

aprire	bere	fare	leggere	mangiare	mettere	ricordarsi
scrivere	stare	venire				

Ragazzi, —— i bravi, mi raccomando, —— zitti per 5 minuti. Per favore, non —— i panini in classe e non —— la Coca-Cola. Oggi impariamo i verbi inglesi più importanti come 'to do', 'to go'. Allora, —— i libri e —— la pagina 6 paragrafo 10. Gianni, —— via la radiolina, per favore, —— che siamo in classe. Teresa, —— qui e —— la risposta alla prima domanda alla lavagna.

Subjunctive

36

Guess which one! (the present subjunctive)

All these sentences require the use of the subjunctive. We have supplied two different verbs. Choose the best one for the situation and give the correct form of the present subjunctive:

1 Vuole che (**andare, fare**) io al supermercato?
2 Viene l'idraulico. È meglio che (**fare, rimanere**) noi a casa stamattina.
3 È importante che gli studenti (**fare, leggere**) questo capitolo prima di venerdì.

4 Preferisco che voi (**venire, dormire**) prima degli altri. *veniate* *siate*
5 Mi pare che gli ospiti d'onore (**essere, fare**) i signori Russo, i proprietari del negozio.
6 Non importa che lui (**fare, lavorare**) il cameriere in un bar. *fa*
7 Mia madre è contenta che io (**sposarsi, divorziare**) con un inglese. *mi sposi*
8 Mi dispiace che voi non (**potere, dovere**) venire a cena stasera. *potete potiate*

37 ## An interview on women and employment (the present or past subjunctive)

Here are some sentences selected from a TV interview on women and employment today. Can you complete them using the correct present or past subjunctive form?

Example
È essenziale che qualcuno (**fare**) qualcosa.
È essenziale che qualcuno **faccia** qualcosa.

È strano che nessuno (**accorgersi**) del problema.
È strano che nessuno **si sia accorto** del problema.

1 Lei pensa che per una donna (**essere**) meglio vivere in Italia o in Inghilterra? *sia*
2 Dicono che oggigiorno la gente (**vivere**) in modo più frenetico. *viviano*
3 Mi sembra strano che la gente ancora non (**capire**) il motivo di tanto stress. *capisca*
4 È essenziale che il Governo (**rispondere**) subito alle esigenze dei genitori che lavorano. *risponda*
5 Nonostante che (**avere**) più scelte sul campo di lavoro, le donne manager sono ancora una minoranza. *abbia* *siano*
6 È meglio che tutti (**lavorare**) secondo le loro capacità e non secondo le regole imposte dai politici.
7 Le donne sono contente che qualcuno finalmente (**ricordarsi**) di loro. *si ricordi*
8 È probabile che i datori di lavoro (**dovere**) essere più flessibili nel futuro.

38 ## What's changed? (the different tenses of the subjunctive)

Transform these sentences from present to past, or past to present, as appropriate.

1 Oggigiorno i giovani credono che i loro genitori non **sappiano** niente.
   Venti anni fa noi giovani credevamo che i nostri genitori non ___ niente. *abbiano saputo*
2 Venti anni fa, la gente pensava che **fosse** un peccato vivere insieme senza essere sposati.
   Oggigiorno solo una piccola percentuale pensa che _sia_ un peccato vivere insieme senza essere sposati.
3 Oggigiorno le donne sperano che i mariti **diano** una mano in casa.
   Venti anni fa le donne speravano che i mariti _abbia dato_ una mano in casa.
4 Venti anni fa gli insegnanti pensavano che i giovani **fossero** tutti maleducati.
   Oggigiorno gli insegnanti pensano che i giovani ___ tutti maleducati. *siano stati*
5 Secondo me, è importante che le donne **rimangano** a casa con i figli.
   Secondo i nostri genitori, era importante che le donne ___ a casa con i figli. *sia rimaste*
6 Oggi si dice che gli americani **stiano** bene economicamente.
   Negli anni '60, si diceva che gli americani ___ bene. *siano stati*
7 Pare che gli italiani **abbiano** sempre dei problemi politici da risolvere.
   Pareva che gli italiani ___ sempre dei problemi politici da risolvere. *abbiano avuto*
8 Si sperava che qualcuno **potesse** risolvere la crisi.
   Si spera che qualcuno ___ risolvere subito la crisi. *abbia potuto*

39 **Silly me! (the imperfect and pluperfect subjunctive)**

You usually get hold of the wrong end of the stick. Tell your friend what you thought, completing the sentences with the imperfect or pluperfect subjunctive as in the examples below:

> *Example*
>
> Marco non viene; deve studiare.
> Che peccato, pensavo che (Marco) **venisse**.
>
> Non ho fatto io il dolce. L'ho comprato alla pasticceria.
> Oh, scusami, pensavo che tu **avessi fatto** il dolce.

1   Non sono naturali queste rose. Sono di seta.
    Che stupida che sono, pensavo che ____ naturali.   *siano state fossero*

2   Non andare in bagno. Io devo ancora fare la doccia.
    Oh scusa, pensavo che tu ____ già fatta.   *l'avessi fatto*

3   Puoi chiamare Gianluca? Lui non sa dove si va a mangiare stasera.
    Va bene, ma pensavo che lui lo ____.   *sapesse*

4   Hai mangiato tutti i cioccolatini? Io non li avevo neanche assaggiati!
    Oh scusa, ero convinta che tu ne ____ almeno qualcuno.   *avessi assaggiati*

5   Anna, mi avevi promesso di comprare il latte. Non ne abbiamo più.
    Oh scusa, immaginavo che ne ____ almeno mezzo litro in frigo.   *avessimo*

6   I vicini di casa abitano insieme, ma non sono sposati.
    Oh, pensavo che ____.   *siano sposati*

7   C'è ancora odore di fumo in salotto. Puoi aprire le finestre?
    Scusa, pensavo che ormai tutto il fumo ____ via.   *fossero andasse*

8   Perché hai comprato tanta birra? Lo sai che i nostri amici bevono solo il vino.
    Oh, pensavo che loro ____ la birra.   *bevessero*

9   Andiamo dentro. Fa troppo freddo per mangiare in giardino.
    Va bene, ma non mi sembrava che ____ tanto freddo.   *facesse*

10 Anna! Sento odore di bruciato. Non hai dimenticato di spegnere il forno per caso?
    Oh no! Pensavo che tu ____ il forno.   *l'abbia spegneto.*

Passive

40 **How we do things here (the present tense passive verb forms)**

This summer you are exchanging houses with a family from Naples. Leave them a few instructions in Italian and some suggestions on places to visit locally. This time you need to complete the instructions using **essere/venire/andare** to say respectively that 'something **is** done'/'is generally done'/'should be done like this':

> *Example*
>
> L'automobile ____ messa nel garage tutte le sere.
> L'automobile **va** messa nel garage tutte le sere.

1   La porta _è_ chiusa sempre con tutte e due le chiavi.
2   Se vi interessa, il telegiornale _è_ trasmesso alle 9.00 tutte le sere.
3   Le coperte di lana ____ fatte ancora a Witney, a due passi da qui.
4   In Inghilterra le automobili ____ lavate ogni domenica.
5   Se vi invitano a prendere un drink alle 6.00, ricordatevi che la cena _è_ servita alle 8.00 e che gli ospiti ____ mandati via dopo 2 ore.

Personal pronouns

Me too! (subject pronouns)

— 41 —

Compare notes with your new Italian friend! Respond to what she says or asks, and tell her about life where you live, using **anche** or **neanche** and the appropriate subject pronoun: **io, tu, lui, lei, Lei, noi, voi, loro.**

> *Example*
> Io lavoro in centro, e tu?
> **Anch'io** lavoro in centro.
>
> Non fumo. E tu?
> **Neanch'io** fumo.

1   Io studio lingue. E tu?
2   I miei amici non suonano la chitarra. E i tuoi?
3   Mia madre va in vacanza in agosto. E la tua?
4   La settimana prossima vado al mare. E tu?
5   Il mio ragazzo non sa nuotare. E il tuo?
6   Io non riesco a dimagrire. E tu?
7   Gli studenti italiani mangiano alla mensa. E gli studenti inglesi?
8   Gli studenti italiani possono lavorare a tempo pieno. E gli studenti americani?
9   Noi abitiamo in centro. E voi?
10 Gli altri passeggeri scendono alla prossima fermata. E noi?

I'll do it later (direct object pronouns)

— 42 —

Your mother won't leave you in peace. Answer her questions by saying that you will do whatever is asked later. You can simply use the present tense. The words in bold (direct object) should be replaced with a direct object pronoun such as **lo, la, li, le**:

> *Example*
> Lavi **la macchina** stasera?
> No, **la lavo** domani/più tardi.

1   Hai fatto **i compiti** d'inglese?
2   Hai assaggiato **la torta alle fragole**?
3   Hai bevuto **la camomilla**?
4   Puoi pulire **il pavimento** in cucina?
5   Puoi aiutare **tuo fratello**?
6   Hai messo in ordine **la tua stanza**?
7   Hai cambiato **le lenzuola**?
8   Hai tagliato **i fagiolini**?

I've done it already (direct object pronouns and *passato prossimo*)

— 43 —

Now your mother is pestering the whole family, including your father Aldo, sister Alessandra and brother Giuliano. All of you answer her questions by saying that you have already done whatever it is. Use the *passato prossimo* (**ho . . . lavato**) with a direct object pronoun, as in the previous exercise, to replace the noun object. Make sure the participle agrees with it:

> *Example*
> Puoi lavare la macchina stasera?
> **L'ho** già **lavata**.

Perché non fate i compiti d'italiano?
Li abbiamo già fatti.

1 Dovete ancora fare **i compiti**, ragazzi?
2 Aldo, devi scrivere **quelle lettere** dopo pranzo?
3 Aldo, bisogna pagare **la bolletta del gas?**
4 Alessandra, chiami **tuo fratello** più tardi?
5 Giuliano, perchè non pulisci **la tua camera?**

44 — ## I'll do it my way (indirect object pronouns with present or future tense)

Pretend you are the person being asked the question. Answer by saying that you will do
something differently (suggestions supplied in brackets). You can use either the future tense
or simply the present tense. The words in bold (the indirect object) should be replaced with
an indirect object pronoun such as **mi, ti, gli, le**:

Example
Scrivi una lettera **a Nadia?** (una cartolina)
No, **le scriverò** una cartolina.

1 Dai il documento originale **all'avvocato?** (una copia)
2 Presti la Volkswagen **ai tuoi amici?** (la Fiat Tipo)
3 Presti la camicia di seta **alla tua amica?** (la camicia di cotone)
4 Senta, **mi** manda il nuovo catalogo? (il catalogo di quest'anno)
5 **Mi** telefoni dopo pranzo? (dopo cena)

45 — ## I've done it my way (indirect object pronouns with *passato prossimo*)

Pretend you are the person or people being asked the question. Answer by saying that you
have already done whatever it is you are being asked to do, or at least something similar.
Some suggestions for your reply are in brackets. Use the *passato prossimo* to say what you
have done and an indirect object pronoun, as in the preceding exercise:

Example
Scrivi una lettera **a Nadia?** (una cartolina)
No, ma **le ho scritto** una cartolina.

1 Telefoni **a Gianni** stasera? (ieri)
2 Presti il vestito di seta **a tua sorella?** (le scarpe)
3 **Ci** offrite un gelato? (un caffè)
4 Hai già parlato **con Gianna?** (due ore fa)
5 Hai raccontato tutta la storia **agli studenti?** (solo una parte)
6 Avete dato i soldi in contanti **alla segretaria?** (un assegno)
7 Papà, **ci** dai 10,000 lire per il cinema? (20.000 lire per la discoteca)
8 Caro, **mi** regali una collana di oro? (una collana di perle)

46 — ## Yes or no? (combined object pronouns with present tense)

This time, guess whether the reply is 'yes' or 'no' and use the hints supplied to answer these
questions using combined pronouns such as **me lo, gliela, me ne**:

Example
Mi passi la marmellata, Giorgio? (se mi dici per favore)
Te la passo **se mi dici per favore**.

Structures

(handwritten notes at top:)
1 Sì certo gliela passo
2 Sì sempre glieli sempre regalo per
3 Non li prepariamo
4 Ve le mandiamo
5 Sì

1 Clara, passi la marmellata al nostro ospite? (sì, certo)
2 Signor Bruni, regala i fiori a sua moglie domani? (sempre, per la festa delle mamme)
3 All'ostello vi preparano i pasti? (solo due giorni alla settimana)
4 Ragazzi, ci mandate le foto della gita? (appena saranno pronte)
5 Tua madre ti lava ancora i vestiti? (sì, sempre)
6 Carolina, mi presti la tua maglia verde? (no, non più) *te la presto*
7 Chi paga il biglietto per me? (io se vuoi) *pago per te il*
8 Mi presenti quel tuo amico bello alto? (sì, ma . . . è sposato) *lo*
9 Chi ti corregge i compiti? (mio fratello)
10 Chi compra i giornalini ai ragazzi? (la nonna) *glieli compro.*

47 **I've done it already (combined object pronouns with *passato prossimo*)**

Say that you – or whoever – have already done whatever it is you are being asked to do, again using the combined pronouns to answer the questions. Don't forget to make the participle agree with the direct object:

Example
Mandi le cartoline agli amici? (ieri)
Gliele ho già mandate ieri.

1 Puoi comprare il giornale per la nonna? (stamattina) *Glielho già comprato*
2 Ci offri il caffè, Giorgio? (tre volte) *Ve l'ho offerto*
3 Mi fai vedere le foto del tuo fidanzato? (la settimana scorsa) *Ti faccio vedere*
4 Tuo marito ti stira le camicie stasera? (stamattina) *Me le stira*
5 Cambiamo le lenzuola per i bambini? (domenica) *Gliele cambiamo*

48 **Al ristorante (stressed indirect object pronouns)**

Your uncle has taken all your family out for dinner. Unfortunately you all like different things. Instead of using the normal unstressed form of indirect pronoun (**mi**, **ti**, **gli**, etc.) it is better to use the stressed or emphatic form such as **a me, a te, a lu**i, to compare what different people like or dislike:

Example
A tua sorella piace molto il pesce, e a tuo fratello?
A lui piace di più la carne.
or No, **a lui** non piace il pesce.

Now you try it!
1 A me piace molto il vino, e a te?
2 Ai miei figli piacciono molto le fettuccine, e a voi?
3 A Mario piacciono gli spaghetti con il pesto genovese, e a Teresa?
4 A Teresa piacciono molto le ciliegie, e ai bambini?
5 A me piace molto il formaggio piccante, e a te?

49 **Home for the holidays (*ci, ne*)**

Your friend and you are home for the holidays and are chatting in her kitchen while you make lunch. Complete the sentences with **ci**, **ne** or both:

Example
Vai in centro domani?
Sì, **ci** vado.

1 Quanto tempo rimani a casa tua con i tuoi?
   _Ci_ rimango fino a giovedì.
2 Il caffè è pronto. Quanto zucchero vuoi?
   _Ne_ prendo un cucchiaino, grazie.
3 Quanti biscotti sono rimasti?
   _Ne_ sono rimasti due-tre.
4 Vai in discoteca stasera?
   No, non _ci_ vado, devo studiare.
5 Facciamo una frittata allora? Quante uova ci vogliono?
   _Ne_ vogliono sei.

50   Summer school (relative pronouns)

Complete these sentences, seen or heard at the university summer school, with the correct form of relative pronoun:

> *Example*
> Tutti i corsi _____ frequentiamo sono difficili.
> Tutti i corsi **che** frequentiamo sono difficili.

1 Gli studenti _che_ vogliono partecipare alla gita devono comprare un biglietto.
2 Come si chiama la studentessa _che_ hanno dato la borsa di studio?
3 Gianna è la figlia del professore _che_ si è sposata con un tedesco.
4 Il film _che_ abbiamo visto ieri era un film americano degli anni Sessanta.
5 Il regista era Polanski _i cui_ film hanno avuto molto successo durante quel periodo.
6 Tutti i libri _che_ leggiamo sono difficili.
7 I motivi _che_ gli studenti vengono bocciati sono tanti.
8 L'ambiente _____ si lavora è importante.

51   Ask your friend for information (interrogatives)

Use **chi, che, che cosa, quale** or **quanto** to ask your friend for the following information:

1 You want to know her date of birth.
2 You want to know who that good-looking man is.
3 Ask what she wants to drink.
4 Ask what kind of films she prefers.
5 Ask what time she gets home.
6 Ask how many cups of coffee she drinks a day.

52   On a business trip (interrogatives)

On the way to Italy for a business trip, you chat to the passenger next to you. Fill in the gaps in the conversation using a question word:

1 Sembra lungo questo viaggio. _____ arriva l'aereo?
2 _____ sono le città che deve visitare in Italia?
3 _____ è quell'attore americano sul giornale di oggi?
4 _____ è Lei?
5 _____ è la sua città d'origine?

Structures

53

My family (possessives)

Fill in this story of an Italian family with the correct form of the possessive **mio** (and the definite article when needed):

___ famiglia è composta di quattro persone. ___ marito si chiama Alfredo. ___ figli si chiamano Massimiliano e Sabrina. ___ casa si trova in campagna. ___ giardino è grande e disordinato. Il ___ gatto si chiama Micio.

54

My class (possessives)

Now talk about your class, completing the gaps in this passage with the correct form of either **nostro** or **suo**:

1 ___ classe è composta di studenti di tutte le nazionalità.
2 ___ insegnante è molto intelligente e simpatico.
3 ___ scuola è molto bella. ___ libri sono tutti interessanti.
4 Lo studente più intelligente è John . ___ compiti sono brillanti.
5 Lo studente più elegante è Joe. ___ camicie sono stupende.
6 La studentessa più bella è Sally. ___ lingua preferita è l'italiano.

55

Look at that! (demonstratives)

At a party, your friend makes comments about everything and everybody. Complete the gaps in what she says with the correct form of the demonstrative **quello**:

1 ___ vestito è troppo corto.
2 ___ scarpe sono proprio brutte.
3 ___ specchi sono molto eleganti.
4 ___ orologio non funziona.
5 ___ ragazzo è un amico di Carlo.
6 ___ occhiali sono originali.
7 ___ bicchieri sono di cristallo.
8 ___ studente è poco intelligente.
9 ___ studentessa è bravissima.
10 ___ moquette non è molto pulita.

56

Some, a few, each one, everyone (indefinites)

Complete the gaps with an indefinite such as **certo**, **alcuni**, **qualcosa**, **ognuno**, **tutti**. The English translation is provided to help you decide which one fits best:

1 In effetti ___ sapevano che Gianfranco aveva l'AIDS.
   In fact everyone knew that Gianfranco had AIDS.
2 ___ gli amici di Gianfranco sono venuti ai funerali.
   All Gianfranco's friends came to the funeral.
3 ___ di loro l'aveva già salutato negli ultimi giorni.
   Each of them had already said goodbye to him in the last few days.
4 ___ dicevano che fosse malato da più di 2 anni.
   Some people said he had been ill for more than 2 years.
5 È venuta una ___ dottoressa Parisi che l'aveva curato alla clinica di Torino.
   A Dr. Parisi came, who had looked after him in the clinic in Turin.
6 Dopo i funerali, siamo andati a casa dei genitori di Gianfranco e abbiamo preso ___ da bere.
   After the funeral, we went to Gianfranco's house and had something to drink.

Prepositions

57

Check your diary (prepositions)

Remind yourself of what you have to do today. Complete with the appropriate preposition **da**, **a**, **in**, **con** or *preposizione articolata* **al/alla/all'** etc.:

1 Oggi viene mio fratello —— Londra. Lo vedrò stasera.
2 Stamattina devo organizzare le vacanze —— Italia.
3 Alle 11.00 vado a casa di Clara —— bicicletta.   *alla*
4 A mezzogiorno mangiamo —— mensa.   *alla*
5 Oggi pomeriggio devo andare —— dentista.   *al*
6 Devo andare anche —— professoressa.   *alla*
7 Stasera vado con mio fratello e con Anna a mangiare —— pizzeria.   *alla*
8 Vado —— Anna alle sette.   *da*
9 Se preferite, potremmo mangiare —— ristorante.   *alla*
10 Prima di cena andiamo —— cinema —— vedere un film.   *al per*

*in
dalla/dal
dalla*

58

Where do I find it? (prepositions and article)

Use the appropriate form of preposition and article, for example **al**, **nel**, **dal**, **sul**, to specify where things are done, bought, etc. There are some suggestions below:

l'armadio	la biblioteca	il bosco	il frigorifero	il Giappone	
l'Inghilterra	la libreria	il letto	il macellaio	il panificio	il salotto
lo scaffale	la tazzina	l'università	il vaso		

Example
Le scarpe si mettono ——
Le scarpe si mettono **nell'**armadio.

1 I libri si mettono —— *sullo scaffale*
2 I vestiti si mettono —— *nell'armadio*
3 Il burro si conserva —— *nel frigorifero*
4 Il caffè si beve —— *nella tazzina*
5 La carne si compra —— *dal macellaio*
6 Il pane si compra —— *nel panificio*
7 I libri si comprano —— *nella libreria*
8 I libri si leggono —— *nella biblioteca*
9 I giapponesi vengono —— *dal Giappone*
10 Gli inglesi vengono —— *dall'Inghilterra*
11 I fiori sono —— *nel vaso*
12 Il televisore è —— *nel salotto*
13 Facciamo un picnic —— *nel bosco*
14 Studio l'italiano —— *all'università*
15 Dormo —— *nel letto*

59

Making connections (prepositions and verbs)

Connect these verbs with the correct preposition (either **a** or **di**) where required:

Structures

Example

Ho cominciato —— imparare l'italiano due anni fa.
Ho cominciato **a** imparare l'italiano due anni fa.

1 Ho deciso ___ rimanere a casa.
2 Non ho ancora cominciato ___ scrivere i compiti.
3 I ragazzi hanno finito ___ mangiare.
4 Non riesco ___ imparare questi verbi.
5 Perché non andiamo ___ prendere un caffè?
6 Gli uomini preferiscono ___ guardare la partita di calcio.
7 Non è facile ___ mantenersi in forma.
8 Lui spera ___ entrare all'università.
9 Faresti meglio ___ stare zitta.
10 Dobbiamo imparare ___ cucinare.

Conjunctions

Find the missing word (conjunctions)

Each of these complex sentences has a conjunction missing from it (examples are **perché**, **finché**, **affinché**, **purché**, **prima che**, **benché**). Can you put the correct conjunction back?

Example

Lavoro tantissime ore ___ i bambini possano avere tutto quello che vogliono.
Lavoro tantissime ore **perché** i bambini possano avere tutto quello che vogliono.

1 ___ possiamo capire i problemi del terzo mondo, è necessario avere delle informazioni aggiornate.
2 ___ ormai fosse tardi, abbiamo provato a telefonargli.
3 Giulia aveva fretta; doveva preparare il pranzo ___ tornasse suo marito.
4 ___ abbia più di 80 anni, quello studente è ancora molto in gamba.
5 Aspettiamo ___ arrivi mio fratello?
6 Era essenziale la presenza di un interprete ___ l'autista potesse spiegare quello che era successo.
7 Abbiamo dimenticato di timbrare il biglietto. Cerchiamo di scendere ___ il controllore ce lo chieda.
8 La guerra continuerà ___ l'ONU non intervenga.

2 Functions

Meeting new colleagues (giving personal information)

Laura, Mark, Camilla and Jonathan, four second-year students from an English university, are just starting their work placements in Italian companies.

Mark has just arrived at the offices of Assicurazioni Generali in Trieste where he will be carrying out his work placement. He introduces himself to Francesca Baldini, in Ramo Aviazione, the aircraft and space division.

MG (Mark Green), FB (Francesca Baldini), BC (Bruna Castellaro), NS (Nando Sirtori), AG (Antonio Giulietti)

Fill in the gaps in the dialogue below, using the appropriate form of the verb **essere**, and adding or completing any adjectives of nationality:

MG: Buongiorno, io ____ Mark Green, lo stagista da Oxford Brookes University. C'____ il dottor Furlan?

FB: Mi dispiace, il dottor Furlan non ____ in ufficio in questo momento. Io ____ la sua assistente. Mi ____ Francesca Baldini.

MG: Piacere.

FB: Bene, Mark. Adesso che ____ colleghi, diamoci del tu. Vieni, ti presento gli altri colleghi del Ramo Aviazione. Questo ____ Antonio. E questi ____ Bruna e Nando. Ragazzi, questo ____ Mark, il nuovo stagista.

ALL: Piacere, Mark. Di dove ____?

MG: Sono ____, di Londra. Voi ____ tutti di Trieste?

NS: No, io ____ triestin— ma Antonio e Bruna sono milanes—

FB: E io sono venezian—. Mio marito è genoves— e i nostri figli sono genoves— di nascita ma triestin— di adozione.

Saying hello (greeting someone)

Find at least four ways of greeting someone you know in Italian:

1
2
3
4

Pronto? (on the telephone)

Complete this brief telephone conversation with appropriate words or phrases (clues are given in English):

Hello. Good morning. Posso parlare con Alfredo?
Sì, certo. *Who's speaking?*
It's Donatella.
Alright. Lo chiamo subito. *Wait a minute.*
Grazie.

64

Come si dice? (conventional expressions)

Supply the correct phrase according to the context:

Cosa si dice quando . . . ? 'What do you say when . . . ?'

1   . . . your friends are getting married *Auguri!*
2   . . . your neighbour's aunt has just died *Condoglienze.*
3   . . . someone has done something exceptionally well *Complimenti*
4   . . . your friend is about to take her driving test *In bocca al lupo*
5   . . . you arrive at your friends' house at dinner time and find them at the table
6   . . . you want to get off at the next bus stop and have to squeeze past all the other passengers
7   . . . getting past an old lady, you tread on her foot
8   . . . someone has brought you a present
9   . . . you want to attract someone's attention (e.g. a waiter) *Senta, scusi*
10   . . . you open the door to some colleagues you have invited to your house *Accomodatevi*

65

Buying a snack (indicating what you want)

Camilla, another of the English students, is at Venice railway station, waiting to catch a train to Udine, where she will be doing her work placement. She decides to get a snack at the station café.

CP: (Camilla Penn), CASS (Cassiere: person at cash desk/till), BAR (Barista: person serving)

Fill in the gaps in the dialogue below with the appropriate definite or indefinite article (**il**, **la** etc. or **un**, **una**, etc.):

(Camilla goes to the cash desk and pays first, getting a 'scontrino' or receipt.)

CP: Buongiorno. ____ Coca-Cola e ____ panino, per favore.
CASS: Sono 8000 lire.
CP: Grazie.

(Camilla then goes to the counter.)

CP: ____ Coca-Cola e ____ panino, per favore.
BAR: Mi dà ____ scontrino, per favore?
CP: Sì, eccolo.
BAR: Che panino vuole, signorina? Vuole ____ prosciutto crudo o ____ mozzarella con pomodoro?
CP: Ehm . . . ____ prosciutto crudo, grazie.
BAR: Ecco ____ panino. Ed ecco ____ Coca-Cola. Vuole un po' di ghiaccio?
CP: No, va bene così, grazie.

66

Definite article *il, la* – to use or not to use?

Often Italian uses the definite article (**il, la**, etc.) where English doesn't put it in. In these exercises try and decide whether to use it or omit it. We have left some spaces just in case!

1 ____ 1981 era un anno importante per noi.
2 Faccio ____ insegnante.
3 Sono ____ insegnante.
4 ____ Italia è famosa per i suoi monumenti.
5 ____ mie sorelle sono più magre di me.
6 ____ mia sorella è più bella di me.
7 Qual è ____ Suo cognome?
8 Esistono ____ fantasmi o no?

67

Postcard from the seaside (describing people or things)

One of Laura's Italian friends is at the seaside and has sent her a postcard.

Complete the description of the campsite by adding one of the adjectives supplied below in its correct form (each adjective should be used once only):

alto	comodo	grande	meraviglioso	piccolo	pieno	simpatico

Carissima Laura,
Eccoci al Camping Nessuno, Palinuro. La roulotte è molto __ e il campeggio è __ di gente, ma il mare è __ e gli altri villeggianti sono __. Come sai i miei fratelli sono __ ma per fortuna i letti della roulotte sono abbastanza __ e __.
A presto
Daniela

68

A shopping list (*dei, delle*, etc.)

Jonathan, one of the English students, is staying with an Italian family while on placement. Since he doesn't have to be at work until 10.00 on his first day, his landlady, signora Giuliani, gives him a shopping list and asks him to get some shopping for her at the *fruttivendolo* and the *salumeria*, before he goes to work. Jonathan leaves her a message telling her what he managed to get.

Here is the original shopping list on which Jonathan has crossed off the items he has managed to buy:

DA COMPRARE

~~spinaci~~   ~~fontina 2 etti~~
~~melanzane~~   ~~parmigiano 300 gr~~
pomodori   ~~yogurt~~
~~carciofi~~   prosciutto di Parma 100gr
~~asparagi~~   ~~zucchine~~
peperoni rossi
~~insalata~~

Here is the beginning of the message that Jonathan leaves his landlady. Complete the message listing the items crossed off the shopping list. Make sure you include the correct form of **dei, delle**, etc.

Cara signora Giuliani,
Vado in ufficio. Ho comprato quasi tutto, mancano i pomodori (non erano buoni) e i peperoni rossi
(c'erano solo quelli verdi). Alla salumeria non c'era il prosciutto di Parma, ma ho preso tutte le
altre cose che Lei voleva, cioè delle melanzane, . . .

. . .

A più tardi
Jonathan

69 Capita, succede or esiste? (occurrence or existence)

Here are some incomplete statements. In each case three possible ways of completing them are given. Choose the correct one (in some cases there may be more than one possibility):

1 La festa folcloristica   capita   a Piazza della Libertà
      succede
      (si svolge)

2 Ti è mai   fatto   di perdere l'aereo?
      (capitato)
      (successo)

3 Secondo me, non   esistono   i fantasmi.
      ci sono
      si verificano

4 L'incidente   si è fatto   sull'autostrada Brennero–Milano.
      è ricorso
      si è verificato

5 Il nuovo libro di Eco   è disponibile   in libreria.
      è rimasto
      esiste

6 Mi dispiace. La linea è   impegnata.
      libera.
      occupata.

7 Non finiranno mai la casa.   **Mancano** i soldi.
      Sono assenti i soldi.
      Sono finiti i soldi.

70 È disponibile? (expressing availability or existence)

Complete the sentences with the appropriate word or phrase expressing availability, existence or occurrence:

1 Mi dispiace, il medico ____ oggi.   *non è disponibile*
2 Questo modello ____ in altri colori.   *è disponibile*
3 Dovevate arrivare più presto. Non ____ più niente.   *è*
4 Non ci sono posti ____ per stasera.   *disponibile*
5 L'incidente ____ alle 20.30 di lunedì.   *si svolge*
6 È rimasto stupito; non gli ____ mai ____ una cosa del genere.
7 In genere i tecnici non ____ alle riunioni però vengono informati delle decisioni prese.
8 Tu hai viaggiato molto in aereo. Ti ____ mai ____ di aver paura?

71 Some, a few (*alcuni, qualche*)

Both **alcuni/qualche** can express the English 'some'. In this exercise, practise using both, changing **qualche** into **alcuni/e** (or vice versa) making the necessary changes:

1   qualche volta *elcune*
2   qualche fiore *elcuni*
3   qualche treno *alcune*
4   qualche automobile *alcune*
5   alcuni ministri *qualche*
6   alcune donne
7   alcuni giornali
8   alcuni/alcune giovani

72 This week, every week (talking about the present)

Complete the sentence either with an expression of frequency or a phrase indicating present time, for example:

Frequency:
Vado spesso in palestra; ci vado **ogni sabato**.
Present time:
Ci vediamo **stasera** alle 7.00.

1   Mia madre va alla messa ____ *ogni giorno*   *ogni anno*
2   ____ festeggiamo il compleanno di mio fratello; andiamo a mangiare la pizza.
3   Lo vediamo ____ che veniamo a Napoli. *ogni volta*
4   ____ passiamo un mese in Toscana, ma l'anno prossimo cercheremo una sistemazione diversa. *oggi*
5   Il mese scorso sono riuscita a fare dei risparmi, ma ____ sono proprio senza soldi.
6   ____ mio figlio compie 16 anni. *Oggi*

Ogni vecenb

73 On the train (asking questions)

Travelling in Italy, Mark starts chatting to a fellow passenger on the train. He/she tries to find out all about Mark and about life in England. See if you can imagine how he/she asked the questions in Italian. Practise using first the **Lei** form then the **tu** form:

1   Which is your suitcase?
2   Where are you from?
3   Where do you live?
4   Why are you in Italy?
5   When did you arrive?
6   How long are you staying?
7   How did you get here?
8   How many hours is it from London to Milan by plane?
9   Who's the Prime Minister of Great Britain now?
10 What do English people eat instead of pasta?

74 Risposta e domanda (question words)

Here are the replies to some questions about Mark, Camilla, Jonathan, Laura, the four English students first mentioned in exercise 61. Try and imagine the question that produced each of these answers:

1   . . . Mark, Camilla, Jonathan, Laura.
2   . . . per fare lo stage di lavoro.
3   . . . all'università.
4   . . . la lingua italiana.
5   . . . 2 settimane fa.

6 . . . 3 mesi.
7 Camilla va a piedi, Jonathan va in macchina.
8 . . . la cucina italiana.
9 . . . agli amici e alla famiglia.
10 Vanno al cinema o in centro.

75

Feeling negative (negative sentences)

You are feeling negative today. Give a negative reply to all your friend's questions, by completing the sentences below:

1 Dove vai di bello?
  ____ vado da ____ parte.

Non vado da nessuna parte?

2 Cosa pensi del nuovo libro di Eco?
  Non so. ____ ho ____ avuto tempo di leggerlo.

3 Con chi hai parlato?
  ____ ho parlato con ____.

Non ho parlato con nessuno

4 Vai ancora a lezioni di danza?
  No, ____ ci vado ____.

non ci vado ancora

5 Vuoi la pasta o la minestra?
  ____ ho fame. ____ voglio ____ l'una ____ l'altra.

Non Non né né

6 Non me la sento di uscire stasera.
  ____ io. Restiamo a casa?

Neanch'io. Non voglio

7 Com'è la casa di Marina? È bella?
  Non so. ____ l'ho ____ vista.

Non l'ho mai vista

8 Ti piace questo vestito?
  No, è brutto. ____ mi piace ____.

Non mi piace affatto

9 È brava Sara?
  Beh, a scuola studia molto, ma a casa ____ fa ____ ____.

Non fa nessuno studio

10 Cos'hai regalato a Mara per il suo compleanno?
  ____ le ho comprato ____. Non ho avuto proprio tempo.

Non niente

76

Who likes what? (indicating likes and dislikes)

Make up at least 6 questions based on the grid below, then answer them saying who likes or doesn't like the different foods/drinks, using the verb **piacere**:

Example
A Franco piacciono i biscotti?
Sì, gli piacciono.

A chi piace la frutta?
A tutti piace la frutta.
(La frutta piace a tutti.)

	Anna	Franco	Alessandro	Daniela
le vongole	no	sì	sì	no
gli spaghetti	sì	no	sì	sì
la frutta	sì	sì	sì	sì
il latte	no	sì	no	sì
il caffè	sì	sì	no	no
i biscotti	no	sì	sì	no

77 **Who likes what . . .? (expressing preferences, likes, dislikes)**

Now carry out the same exercise, this time using the verb **piacere** but qualifying it with the words **un po'** (a little), **molto** (a great deal), **moltissimo** (a very great deal) or **per niente**, **affatto** (not at all), to say how much people like doing something, according to the number of ticks (or crosses if they don't like it at all) shown against their name:

	Carla	Luciano	Walter	Marina
suonare la chitarra	✓✓	✗	✓✓✓	✗
giocare a tennis	✗	✓	✓✓	✓✓✓
andare in discoteca	✓✓✓	✗	✗	✓✓
guardare la TV	✓✓	✓	✓	✗
leggere i libri	✗	✓✓	✗	✗
uscire con gli amici	✓✓✓	✓	✓✓	✓

78 **Expressing likes and dislikes using *piacere***

Translate into Italian using wherever possible the verb **piacere**:

1   I don't like seafood.
2   Antonio likes me.
3   Some men don't like romantic films.
4   Some women don't like football matches.
5   Girls like my son.
6   My son likes girls.
7   Do you like playing tennis?
8   Do the students like doing grammar exercises?
9   Do you like her?
10 Does she like you?

79 **Making a comparison: *di* or *che*?**

Complete these comparative sentences with **di** or **che**:

1   Sono più ricco —— lui.
2   C'erano più ragazze —— ragazzi.
3   Questa casa è più vecchia —— quella.
4   C'erano più —— venti persone.
5   Era più stanco —— me.
6   Era più stanco —— malato.
7   Sono più felice a casa —— a scuola.
8   La carne costa meno qui al mare —— in città.
9   È più difficile ricevere —— dare.
10 La sua casa è più grande —— comoda.

80 **More . . . than (*di* or *che*?)**

You and your friend are comparing notes on different things and people. Express your opinion using **Per me**. The statement should include all the elements supplied, the comparative **più** ('more') and **di** or **che**, making any changes necessary, as in the examples below:

Example

Sara   Susanna   intelligente
Per me, Sara è **più intelligente di** Susanna.

l'Italia   l'Inghilterra   bello
Per me, l'Italia è **più bella dell'**Inghilterra.

correre   camminare   faticoso
Per me, è **più faticoso** correre **che** camminare.

1	caffè	tè	buono
2	autobus	treno	economico
3	appartamento	casetta	caratteristico
4	maglia	maglietta	caldo
5	italiani	inglesi	estroverso
6	fare un bagno	fare una doccia	veloce
7	guardare la TV	studiare i verbi	divertente
8	vino	birra	forte
9	viaggiare in treno	viaggiare in aereo	comodo
10	la torre di Pisa	la torre Eiffel	grande
11	il legno	il ferro	pesante
12	rimanere a casa	andare in discoteca	divertente

81 ── ## Less ... than (*di* or *che*?)

Carry out the same exercise but turning the sentences round and using **meno** ('less'):

Example

Sara   Susanna   intelligente
Per me, Susanna è **meno intelligente di** Sara.

correre   camminare   faticoso
Per me, è **meno faticoso** camminare **che** correre.

82 ── ## Better, best (irregular comparatives and superlatives)

Note that many of the common adjectives have an irregular comparative and superlative form, sometimes used instead of the regular one, e.g. **buono**, comparative form **più buono** or **migliore**, superlative **buonissimo** or **ottimo**. Complete the sentences below with a suitable comparative or superlative form, either regular or irregular:

1 Hai fatto tu questo dolce? È ____
2 Giovanni è ____ di Teresa; lui ha 14 anni e lei 10.
3 Non chiedere a me! Non ho la ____ idea.
4 I vini italiani sono ____ di quelli francesi.
5 L'aspetto ____ del suo carattere è la mancanza di impegno.

83 ── ## Which one ... that one (*quello, quella*, etc.)

Complete the sentences with the correct demonstrative pronoun (**quello, quella, quelli** or **quelle**):

1 Qual è la casa di Gianfranco?
    È ____ sull'angolo.
2 Quali sono le scarpe di Luisa?

Sono ___ nere con il tacco alto.

3 Qual è il fidanzato di Carla?

  È ___ alto, bruno, capelli lunghi, che parla con Francesco.

4 Quali sono i sandali che volevi comprare?

  Sono ___ a sinistra, dietro le scarpe bianche.

5 Quali sono le chiavi del cancello?

  Sono ___ appese in cucina.

84 Some ways of expressing manner

Replace the phrases in italics with an adverb which has the same meaning:

> *Example*
> Dovete fare i compiti *con molta attenzione*.
> Dovete fare i compiti **molto attentamente**.

1 Il Papa scendeva le scale *a fatica*.
2 I ragazzi correvano *a precipizio*. Non guardavano dove andavano.
3 Il preside era nervoso; tossiva in continuazione *senza volerlo*.
4 *Con tutta probabilità* avranno già prenotato l'albergo.
5 Com'è possibile? Il nostro collega è *di nuovo* malato.

This time replace the adverbs with a phrase formed with a preposition, which has the same meaning:

> *Example*
> Ha studiato *diligentemente*.
> Ha studiato **con diligenza**.

6 La macchina è sbucata *improvvisamente* da una strada traversale.
7 Sua moglie è morta *recentemente*.
8 Il capo era *particolarmente* fiero della sua nuova invenzione.
9 Il congresso era *indubbiamente* l'avvenimento più importante dell'anno scolastico.

85 More ways to express manner

Complete the sentences with some specification of manner (the way in which something was/is done):

> *Example*
> Non avevamo programmato niente. Ci siamo incontrati ___
> Non avevamo programmato niente. Ci siamo incontrati **per caso**.

1 Non abbiamo mai dovuto insistere molto. Nostra figlia mangiava la carne ___ .
2 Adesso che abbiamo perso il treno, dobbiamo prendere il pullman ___ .
3 Non l'ho vista uscire. È scappata via ___ .
4 L'impiegato ci ha trovato l'albergo; è una persona molto disponibile che aiuta tutti ___ .
5 Non andare così ___ . Andrai a sbattere contro il muro.
6 Per mantenersi in forma, non basta andare in palestra una volta al mese; bisogna andarci ___ .
7 Preferisco non andare alla festa da sola. Perché non ci andiamo tutti ___?

86 **Ways of expressing place, location**

Complete the sentences by specifying the location (use an adverb or phrase) that makes sense in the context:

1 La guardia resta in piedi tutta la giornata ＿＿ a Buckingham Palace.
2 Dalla mia camera vedevo l'isola di Arran; era proprio ＿＿
3 Quando si viaggia è comodo avere la carta di credito; la si accetta ＿＿
4 La casa è molto grande: ci sono due piani, una grande soffitta ＿＿ e una cantina ＿＿
5 Mia zia non vuole i gatti in casa; li manda sempre ＿＿

87 **When did you do it? (talking about the past)**

You are asked when particular events or actions took place. In your answer, say what was going on at the time. Use a clause starting with **quando** or **mentre**, and a verb in the imperfect. We've given you the verbs needed and indicated who was involved. (You can practise the forms of the past tenses in Section 1 Structures.)

Example
Quando hai visto mia madre? (lei + andare in centro)
L'ho vista **mentre (lei) andava** in centro.

1 Quando si sono conosciuti Chris e Rosa?
(lei + studiare in Inghilterra)
2 Quando hai visto mio fratello?
(io + andare in banca)
3 Quando è arrivato Gerardo?
(tu + essere in bagno)
4 Quando è successo il furto?
(noi + essere in vacanza)
5 Quando avete mangiato il gelato?
(voi + fare il bagno)
6 Quando hai scritto le cartoline?
(i bambini + riposarsi)

88 **Why did you do it ...? (talking about the past)**

The imperfect is often used when giving the reason for an action. Complete the sentences with an appropriate verb from the list supplied (using the imperfect tense) to say why someone did something or why something happened. (You can practise the forms of the imperfect in Section 1 Structures.)

aspettare	avere	bere	essere	sapere

1 Ho mangiato tutti i tuoi cioccolatini perché ＿＿ fame.
2 Yvette non ha finito il corso perché ＿＿ pigra.
3 Non sono venuta alla festa perché ＿＿ mio fratello.
4 Mia madre era arrabbiata perché non ＿＿ dov'ero.
5 Mio figlio si è ubriacato subito, perché non ＿＿ abituato ai liquori e di solito ＿＿ poco.

89 **My birthday plans (talking about the future)**

You are really looking forward to your birthday next week. Tell your Italian friend Carolina what you are going to do. You will need to supply verbs in the future (**mangerò**, **andrò**, etc.) or future past (**avrò mangiato**, **sarò andata**, etc.). From the context, you should be able to guess which verbs are needed, but we've added a list below just in case. (You can practise the forms of the future tense in Section 1 Structures.)

alzarsi	andare	ascoltare	bere	cercare	comprare	dormire
fare	finire	mangiare	mettere	potere	sposarsi	venire
volere						

Sono veramente fortunata perché quest'anno il mio compleanno è sabato, quindi __ fino a tardi. _ _ solo alle 9.00, poi __ colazione con caffè, brioche e biscotti. Dopo, __ la doccia e mi __ la maglia e i pantaloni nuovi che mia madre mi __, spero.

Alle 10.00 __ il mio ragazzo Andy a prendermi e insieme __ in macchina fino al centro, dove __ degli acquisti e __ un regalo di nozze per dei nostri amici che __ ad aprile.

Se __ per l'una, __ al nuovo ristorante francese vicino al fiume. Dopo pranzo, siccome sicuramente __ troppo, ci __ una passeggiata lungo il fiume per digerire.

La sera invece __ i nostri amici e __ la musica e __ qualche bottiglia di vino.

90

Our holiday house (some, any, whoever, etc.)

In a magazine article about holiday houses, here is part of a letter from a woman who has a cottage in the mountains and goes there every weekend. Choose the correct words from those supplied:

Qualunque/Ogni/Tutta settimana finiamo di lavorare il venerdì, mettiamo **molta/ tutta/alcuna** la nostra roba in macchina e andiamo alla nostra casetta in montagna, nel paese di Campitello. **Alcuni/pochi/qualche** amici pensano che siamo pazzi, **qualche/ tutti/altri** ci invidiano.

Certa/Qualche/Alcuna volta c'è **qualche/molto/alcun** traffico e ci mettiamo **qualche/alcune/poche** ore ad arrivare. **Alcune/Qualche/Ogni** volta, invece, non c'è **tanto/alcun/troppo** traffico e arriviamo in **poco/troppo/molto** tempo. **Qualcuno/ Ognuno/Tutti** porta dentro **qualcosa/alcuna/qualcuno**, anche i bambini, così facciamo presto a sistemare le nostre cose. Portiamo solo una borsa **ciascuno/ ciascuna/tutti**, perché non c'è **tanto/troppo/molto** spazio in macchina.

Prima di **tutto**, facciamo i letti per i bambini e per noi. Se viene **qualcuno/alcuni/ qualche** dei nostri amici, prepariamo anche la camera degli ospiti. **Qualsiasi/ Qualunque/Chiunque** venga, non cuciniamo niente di speciale, ma solo piatti facili da preparare. Va bene **qualqunque/qualche/qualsiasi** cosa perché siamo **tutti/ ciascun/alcuni** stanchi e affamati.

Chiunque/Dovunque/Qualunque sia il motivo, appena arriviamo in montagna, ci sentiamo subito rilassati e tranquilli . . . sembra di essere davvero a casa nostra!

91

End of term (focusing on the action using passive)

In the following extracts from a letter about the end of term, the action is more important than the agent or person carrying it out, who is often not even mentioned. Italian has different ways of expressing this, for example, using the passive or using **si** *passivante*. (To practise the passive verb form, see Section 1 Structures.) Translate the sentences into Italian in at least two different ways:

> *Example*
> The children were sent home immediately after lunch.
> I bambini **sono stati mandati** a casa subito dopo pranzo.
> **Hanno mandato** i bambini a casa subito dopo pranzo.

1 I was given lots of chocolates at the end of the school year.
2 My poor colleague! He was given some bad news this morning. (Use the singular form 'notizia'.)
3 These apartments will be sold after Christmas.
4 In the report it was said that the headmaster had too much control over the school curriculum.
5 Giancarlo was considered to be one of the brightest students in the school.

92

Our weekend (turning active into passive)

Transform the following sentences (or part of them) about our weekend into passive sentences. This time there is an 'agent' or person responsible for the action, so the sentences will have to be handled in a different way:

> *Example*
> **Mia madre ha rovesciato** il vaso mentre spolverava la credenza.
> Il vaso **è stato rovesciato** da mia madre mentre spolverava la credenza.

1 Venerdì sera una macchina ha investito il nostro cane Lucky.
2 Sabato sera mio figlio ci ha preparato la cena per la prima volta.
3 Prima mio marito svegliava i ragazzi ogni domenica alle 10.00, ma adesso li lascia dormire.
4 Lunedì parto per Milano. Mi accompagnerà all'aeroporto la mia amica.
5 Venerdì avevo mandato un fax alla mia collega di Milano per confermare l'appuntamento.

93

If you're hungry . . . eat something! (giving orders)

Give appropriate advice – using the phrases suggested below – in the correct imperative form, for each of the sentences below. Where the advice is addressed to only one person, try using first the **tu** form of the imperative, then the **Lei** form. If addressed to more than one person, use the **voi** form.

andare a letto	bere qualcosa	chiedere all'insegnante
guardare la televisione	mettere gli occhiali	mettersi una maglia

> *Example*
> Ho fame.
> **Mangia** qualcosa! (tu form)
> **Mangi** qualcosa! (Lei form)

1 Siamo stufi.
2 Ho freddo.
3 Ho sete.

4   Siamo stanchi.

5   Non vedo niente.

6   Non capiamo i verbi irregolari.

94 | **'Don't do it!' (telling someone not to do something)**

Give advice using the negative form of the imperative, either the **tu**, **Lei** or **voi** form as appropriate. In the first example all three forms are possible. If you want you can replace the original noun with a pronoun, as in the second example:

> *Example*
> Qui è pericoloso correre.
> E allora, **non correre.**/E allora, **non corra.**/E allora, **non correte.**
> *Example with pronoun*
> Quando metto la maglia, sento caldo.
> E allora, **non metterla.**/E allora, **non la metta.**

1   Costano molto i gelati. Non mi bastano i soldi.
    E allora, non ____

2   A me non piace fare il windsurf.
    E allora, non ____

3   Non abbiamo soldi per andare al cinema.
    E allora, non ____

4   Quando sono cattiva con mia sorella, piange.
    E allora, non ____

5   Se veniamo da voi, faremo tardi.
    E allora, non ____

6   Tutte le volte che facciamo tardi, la mamma ci sgrida.
    E allora, non ____

95 | **Telling someone (not) to do something (giving commands)**

Complete the gaps with a verb in the imperative form. Suggested verbs are listed below. (To practise the forms of the imperative, see Section 1 Structures.)

avere	dire	essere	fare	venire

1   Non ____ paura, signora. Il temporale passa subito.

2   Giorgio, non ____ così stupido, fai cadere tutto.

3   L'aspettiamo a cena stasera, Dottor Maroni. ____ alle 8.00.

4   Signora, ____ presto. Il treno sta per partire.

5   Buon giorno, signora Canepa. ____! Cosa Le do oggi?

96 | **Telling someone to do something (*dire a qualcuno di . . .*)**

Say what you told someone to do, using the elements supplied, and adding any other words necessary:

> *Example*
> dire   –   i miei amici   –   andare in Sardegna
> **Ho detto ai** miei amici **di** andare in Sardegna.

1	dire	–	la segretaria	–	mandare un fax
2	ordinare	–	i miei figli	–	andare a letto presto
3	chiedere	–	il medico	–	darmi la ricetta medica
4	invitare	–	i nostri amici	–	venire in vacanza con noi
5	dire	–	il capo	–	controllare i documenti
6	pregare	–	mio marito	–	passare un po' di tempo con i bambini
7	convincere	–	il commesso	–	farmi un piccolo sconto
8	ordinare	–	gli impiegati	–	lavorare di più
9	persuadere	–	lui	–	accompagnarmi all'aeroporto
10	obbligare	–	lei	–	restituirmi le chiavi

97 **Wanting someone to do something (*volere che* + subjunctive)**

Complete these sentences using the verbs shown in brackets, followed by **che** and the subjunctive. (To practise the forms of the subjunctive, see the exercises in Section 1 Structures.)

Example
L'insegnante voleva che gli studenti (**fare**) il tema per venerdì.
L'insegnante voleva che gli studenti **facessero** il tema per venerdì.

1 Il capo vuole che i dipendenti (**prendere**) un giorno di riposo una volta al mese.
2 Il presidente desiderava che le elezioni (**fare + si**) entro 6 mesi.
3 L'agente voleva che l'appartamento (**essere affittato**) a clienti stranieri.
4 Il lettore chiedeva che la scuola gli (**riconoscere**) gli anni di servizio all'estero.

98 **Getting someone to do something: using *fare* and an infinitive**

Transform these sentences, replacing the verb of ordering or commanding with the construction **fare** and a second verb in the infinitive:

Example
Mi ha **ordinato di fare** un caffè.
Mi ha **fatto fare** un caffè.

1 Il medico gli ha ordinato di fare una cura dimagrante.
2 Suo marito la obbliga a fare quello che vuole lui.
3 La mamma vuole che i bambini riposino il pomeriggio.
4 Volevano che Berlusconi vendesse le reti televisive.

99 **May I? (asking permission, expressing ability and possibility)**

Translate these sentences into Italian. In each case, you must decide on the most appropriate verb or phrase to express the English 'can' or 'may': **potere**, **sapere**, **è possibile**, **Le dispiace**, **essere in grado**, etc.

1 May I open the window?
2 Can you swim?
3 May I take you to dinner?
4 Could you pass me the pepper?
5 He can't write correct Italian.
6 Could you lend me 10,000 lire?

100 **Expressing need or obligation (*bisogna, aver bisogno di . . .*)**

Translate these sentences into Italian. In each case, you must decide on the most appropriate verb or phrase from those given below. Sometimes there is more than one solution.

---

aver bisogno di   c'è bisogno   bisogna   dovere   è necessario
occorrere   servire   volere

---

1   I need a shower.
2   There is no need to get angry.
3   There is no need for the children to get up early.
4   To telephone England, you need at least twenty 200 lire coins. It's better to buy a phone card!
5   Do you still need my dictionary?
6   You don't have to accompany me.

101 **Expressing need or want (*occorrere, volere, servire . . .*)**

Complete the sentence with a phrase expressing 'need' or 'want' that makes sense:

1   Per fare gli spaghetti alla carbonara, ____ 6 uova e 200 grammi di pancetta.
2   Adesso che ho finito il corso di lingua, non ____ più il dizionario inglese.
3   Ieri notte sono andata a letto alle 4.00. ____ dormire.
4   Lei è molto gentile, ma non ____ stirare la mia camicia.

102 **Suggesting, advising and recommending (*consigliare, suggerire . . .*)**

Explain what advice you gave people, using the elements supplied, and adding any other words necessary:

Example
consigliare   –   gli studenti   –   fare l'assicurazione
Ho consigliato **agli** studenti **di** fare l'assicurazione.

1   suggerire   –   il mio collega   –   riscrivere la lettera
2   consigliare   –   i miei figli   –   chiudere bene la bicicletta
3   proporre   –   le mie amiche   –   fare una gita in campagna
4   raccomandare   –   gli studenti   –   impegnarsi di più

103 **Expressing emotions, both positive and negative (*sono contento/a, mi dispiace che . . .*)**

Complete the sentence with the appropriate form of the verb in brackets, either present or past subjunctive. Sometimes more than one solution is possible.

Example
Sono contenta che i ragazzi (**trovare**) un appartamento.
Sono contenta che i ragazzi **abbiano trovato** un appartamento.

1   Mi dispiace che suo figlio non (**trovarsi**) bene a Oxford.
2   Mi dispiace che tu non (**potere**) venire con noi.
3   Peccato che gli altri passeggeri (**essere**) così antipatici.
4   Sono contenta che tu (**decidere**) di iscriverti all'università.

Free composition. Complete these sentences as you wish, using some of the verbs listed below in the subjunctive (present or past):

andare	avere	dare	dire	essere	fare	stare	venire

5 Ci fa piacere che i nostri amici ___
6 Mi meraviglio che gli studenti ___
7 Gli secca che sua madre ___
8 Dubita che il capo ___
9 Mi rincresce che tu ___
10 Ci dispiace che tu ___

104

Expressing hope, fear and doubt (*temere, dubitare che . . .*)

Complete the sentence using **che** and the present or past subjunctive (perfect or imperfect):

Example
Temo che la mia collega (**perdere**) l'aereo.
Temo che la mia collega **abbia perso** l'aereo.

1 Ho paura che la benzina non (**bastare**).
2 Temo che noi non ce la (**fare**) adesso ad arrivare in tempo.
3 Ci auguriamo che voi (**divertirsi**) qui al mare.
4 Dubito che il treno (**arrivare**) in tempo.
5 Mi auguro che lui (**essere**) il candidato più adatto.
6 Mio marito spera che gli (**dare**) un aumento di stipendio.
7 Mia moglie sperava che le (**dare**) un aumento di stipendio.

105

Expressing an opinion or belief (*per me, secondo me, a mio parere*)

Express an opinion, replacing the words in italics with a phrase using **per** or **secondo**:

Example
A mio parere gli italiani cucinano con tanta fantasia.
Per me gli italiani cucinano con tanta fantasia.

or **Secondo me** gli italiani cucinano con tanta fantasia.

1 Luisa non si fidava molto dei giornalisti. *A suo parere* la storia dell'amante della principessa era una pura invenzione.
2 *A tuo parere* quindi, non esistono i fantasmi?
3 Marco non era d'accordo. *A suo parere* si poteva prendere una strada più corta.
4 *A mio parere* Selva è il posto migliore per lo sci.
5 I miei amici invece vanno sempre a Courmayeur. *A loro parere* è il posto di sci ideale.
6 *A nostro parere* gli studenti dovrebbero fare delle traduzioni.
7 *A vostro parere* il tempo è migliore a settembre o ad ottobre?
8 *A mio parere* questo temporale non durerà molto.

106

Expressing an opinion (*mi sembra, credo che . . .*)

Give your opinion choosing an appropriate form of the verb given in brackets (present or past, indicative or subjunctive):

1   Marco abita ancora a Trieste?
    No, mi sembra che (**trasferirsi**) a Milano.
2   L'amico di Flavia dice di avere 18 anni.
    Impossibile. Io credo che ne (**avere**) soltanto 15!
3   Come sono andati gli esami?
    Sono ottimista. Credo che (**andare**) bene.
4   Qual è il paese europeo con il numero più alto di incidenti stradali?
    Cinque anni fa si diceva che (**essere**) la Grecia; adesso invece pare che (**essere**) il Belgio.
5   Che tipo di pesce preferisci? Ti piace il pesce spada?
    Sì, mi piace il pesce spada perché mi sembra che (**rimanere**) saporito anche quando è surgelato.
6   Gli studenti verranno bocciati o promossi alla fine di quest'anno?
    L'insegnante crede che (**venire**) tutti promossi quest'anno.
7   Perché ti sei messa un vestito a maniche corte?
    Veramente pensavo che (**fare**) più caldo.
8   Perché Giuliano ha detto ad Adriano di non bere più whisky?
    Perché gli sembrava che Adriano (**bere**) troppo.

107

Belief, certainty and uncertainty (*penso, mi sembra che . . .*)

Complete the sentence deciding whether to use indicative or subjunctive. Often the choice of indicative or subjunctive is a matter for personal choice, although the more formal the situation, the more likely it is that the subjunctive will be used. Often the future indicative can be used for something that might happen, rather than the present subjunctive, if little doubt is expressed, as shown in the example:

Example
Credo che Marco (**venire**) dopo le 9.00.
Credo che Marco **venga** dopo le 9.00.
Credo che Marco **verrà** dopo le 9.00.

1   Penso che il film (**finire**) alle 10.00.
2   Mi pare che mio figlio (**rimanere**) 10 giorni a Londra.
3   Mi sembra che i gemelli (**avere**) 10 anni.
4   Sono certa che dopo gli esami gli studenti (**volere**) festeggiare.
5   Che lavoro fa il signor Bruni? Penso che (**fare**) l'ingegnere.
6   Non sono convinta che loro (**sapere**) la verità.
7   Sono sicura che questa (**essere**) la soluzione giusta.
8   Sono convinta che non (**servire**) a niente protestare.

108

Knowing, remembering and forgetting

Complete the sentence with the most appropriate verb or phrase from the list of verbs below:

dimenticare	essere certo	essere incerto	ricordare	sapere

Example
Non abbiamo scritto l'indirizzo. Adesso non —— come arrivare alla festa.
Non abbiamo scritto l'indirizzo. Adesso non **sappiamo** come arrivare alla festa.

1 Che distratta* che sono! —— di portare il vino.
2 Conosco quel ragazzo, ma non —— come si chiama.
3 I ragazzi si sono nascosti e i genitori non —— dove cercarli.
4 Vai alla festa stasera? Non so, —— se andarci o no.
5 Mio marito non —— che l'idraulico sarebbe venuto.
   * *distratta* – 'absent-minded'

 109

Writing to Lidia and Simone (setting events in a time context)

Your friends Lidia and Simone have just got back from a walking holiday in Northern Italy; they sent you several postcards. Write to them about their holiday, choosing the correct tense (past or present) and mood (indicative, subjunctive or conditional). The verbs are supplied in the infinitive form to help you a little:

> *Sono contenta che (**trovarsi**) bene in Italia. Vi (**dire**) che (**divertirsi**).*

> *Grazie di tutte le cartoline. Ma pensate veramente che l'Italia (**essere**) più cara adesso? È vero che negli ultimi anni i prezzi (**salire**) un po', ma dipende anche dal cambio.*

> *Non sapevo che (**venire**) anche Giancarlo . . .! Lui non mi ha mai detto che gli (**piacere**) camminare. Non mi (**sembrare**) che lui (**essere**) un tipo molto sportivo, né (**aspettarsi**) che (**fare**) delle camminate di 20 km! E dire che quando siamo andati al mare l'anno scorso, lui preferiva che (**noleggiare**) una macchina per non dovere andare al mare a piedi!*

> *Quindi avete trovato anche un bell'albergo? Complimenti! Si dice che di solito (**essere**) difficile trovare un posto nelle Dolomiti in alta stagione. Anche voi temevate che i posti in albergo (**essere**) tutti esauriti, no?*

> *Anche noi vorremmo fare una vacanza attiva, ma non nel mese di agosto. Sarebbe meglio che (**scegliere**) un periodo più tranquillo.*

> *Intanto aspettiamo di sentire i vostri racconti e di vedere le vostre foto . . .*

> *Grazie ancora delle cartoline. A presto!*
> *Con affetto*
> *Marzia*

110

Talking about work experience (reporting events)

Camilla, Mark, Jonathan and Laura have met in Udine, where Camilla works, and are discussing their experiences in their work placements – in Italian! After reading this conversation between them, turn it into a report of what they have said, in indirect speech, making the necessary alterations. Note, for example, the changes in this sentence:

Example
Laura: 'Il mio capo mi ha chiesto di rimanere in ufficio anche di sera!'
Laura **ha detto** che il **suo** capo **le aveva** chiesto di rimanere . . .

Conversation:

JONATHAN: Allora, ragazzi, come va? Vi trovate bene?
MARK: Io sì, lavoro tanto ma è un lavoro interessante. Sto imparando moltissimo sul mondo delle assicurazioni.
LAURA: Anche a me piace il mio lavoro ma mi sento un po' sola. Non ci sono molti giovani nel mio ufficio. Anzi non c'è nessuno, praticamente.

CAMILLA: Qui a Udine invece è proprio l'opposto. In albergo siamo sempre circondati da gente: clienti, colleghi 'front office', per non parlare di tutti i camerieri . . . questo è il più grande albergo di Udine, sapete!

MARK: Si vede! Sei stata fortunata a trovare un posto qui. Chi te l'ha trovato?

CAMILLA: Mio zio è molto amico del proprietario. Ha chiesto lui se potevo lavorare qui. Mi danno un milione al mese come contributo alle spese.

LAURA: Altro che contributo! È un vero stipendio . . . A me non danno niente! Però mi hanno trovato un posto in un appartamento vicino all'università con altri studenti. Tu Jonathan come ti trovi a Savona?

JONATHAN: Beh, questo è il periodo più difficile, perché tutti stanno prenotando le vacanze, per cui c'è molto da fare. Comunque Wilma è gentilissima, mi aiuta molto. Vorrei rimanere ancora più tempo per capire tutto ma non so se mi vogliono!

111 — **Expressing possibility and probability (è *possibile, probabile, difficile che . . .*)**

Complete the sentence with the correct present or past subjunctive form of the verb shown in brackets.

> *Example*
> È facile che tu (**capire**) male quello che ti dicono.
> È facile che tu **capisca** male quello che ti dicono.
> È facile che tu **abbia capito** male quello che ti dicono.

1 Se non parli più forte, è probabile che gli studenti non ti (**sentire**).
2 È difficile che la direttrice (**rispondere**) subito alla tua lettera.
3 È impossibile che loro non (**finire**) ancora. Gli altri sono già usciti.
4 Non era sicuro che gli ospiti (**arrivare**) prima di cena.
5 Non si sa se gli abitanti del paese (**essere**) gli stessi di 20 anni fa.
6 Non è certo che l'attore (**avere**) l'AIDS.
7 Non era possibile che un bambino così piccolo (**sapere**) parlare una lingua straniera.
8 È facile che uno straniero (**sbagliare**) e (**usare**) il 'tu' invece del 'Lei'.

112 — **Expressing certainty and uncertainty (è *certo, chiaro che . . .*)**

Complete the sentences with the appropriate verb, whether indicative or subjunctive:

> *Example*
> È possibile che noi (**arrivare**) prima di loro.
> È possibile che noi **arriviamo** prima di loro.
> È possibile che noi **siamo arrivati** prima di loro.

1 È chiaro che la madre di Gianni (**sapere**) che lui esce con me.
2 Non era sicuro che Laura (**potere**) fare lo stage a Genova.
3 È evidente che gli studenti (**essere**) ben preparati.
4 È sicuro che noi (**finire**) prima di loro.
5 È probabile che tu (**capire**) male quello che ha detto.
6 È molto difficile che gli studenti (**trovare**) uno stage di lavoro alla FIAT.

113 — **At Verdazzurro (certainty and uncertainty)**

At **Verdazzurro** travel agency, in Savona, Wilma Pennino and her colleagues Francesca Battaglia and Simona Chiesa are discussing with Jonathan, the English student on work placement, the drop in holiday bookings this year, and comparing the cost of living in the UK and in Italy. See if you can complete the gaps in their conversation, remembering that some expressions are followed by the indicative or the infinitive, others by the subjunctive. Some suggested verbs are given below:

bastare	comprare	decidere	essere	fare	lavorare	produrre
riuscire	scendere	spendere	sopravvivere	trovarsi	vivere	

WP: Si dice che quest'anno le prenotazioni —— del 7%. Si sa che rispetto agli anni precedenti gli italiani —— meno sui beni di lusso. È evidente che questo —— un effetto negativo per quanto riguarda le prenotazioni.

FB: Purtroppo, sarà vero. Comunque molti italiani preferiscono prenotare tardi, ed è anche possibile che la gente —— all'ultimo momento di partire, di andare al mare in Italia o anche all'estero.

JW: È sicuro però che la vita —— più cara in Italia. Per me, è impossibile che una persona con famiglia a carico —— a risparmiare molto.

SC: Infatti dicono che un solo stipendio non —— più; bisogna che —— anche la donna per quadrare il bilancio.

FB: In Inghilterra è possibile —— con un solo stipendio?

JW: È possibile ——, ma è difficile —— i beni di lusso, —— delle vacanze all'estero, cose di questo genere. Comunque c'è chi prenota le vacanze già a gennaio. È facile che la gente —— troppo comprando regali per i figli a Natale, e che poi —— in difficoltà quando arriva il momento di prenotare le vacanze.

WP: È chiaro che anche da voi la vita non —— semplice.

114 **Arrangements at the *Centro Congressi* (expressing purpose)**

Camilla Penn, the English student on work placement in Udine, is busy finalising conference arrangements for next Monday, at the *Centro Congressi* of the hotel where she works. The hotel manager, signor Perini, is going over some details. Complete this dialogue by filling in the gaps with words (for example **da, per**) or phrases (such as **in modo che, perché, affinché**) that can express purpose, and by using the verbs supplied in their correct form:

CP: Allora, gli ospiti arrivano la sera prima —— effettuare la registrazione, vero?

HM: Sì, quasi tutti. Quindi dovete essere come minimo due-tre alla Reception —— non (**essere**) troppo lenta questa prima fase. Bisogna che gli ospiti vengano sistemati tutti prima delle 19.30, —— (**scendere**) tutti per la cena alle 20.00.

CP: Va bene. Nessun problema. Infatti Teresa ha promesso di rimanere anche lei, proprio —— aiutarmi.

HM: Ha detto così? È una brava ragazza, che fa di tutto —— (**aiutare**) gli altri.

CP: Ecco, per quanto riguarda le camere, la 101 ha il rubinetto che perde. Devo chiamare un idraulico —— (**aggiustare**) domani mattina. E perché non gli facciamo riparare anche la doccia nella 251?

HM: Buon'idea. Veramente ci vorrebbe una persona fissa —— (**fare**) anche il lavoro di manutenzione, invece di una persona —— (**chiamare**) solo in caso di problemi.

115 **Expressing purpose (*per, perché*...)**

Link these statements together with phrases expressing purpose, such as **per, perché, in modo che,** making any necessary changes:

Example

Sono andata in macchina. Volevo portare molti bagagli.

Sono andata in macchina **per potere** portare molti bagagli.

1 Il vigile parlava lentamente. Voleva farmi capire tutto.
2 Ha chiuso la porta. Non voleva far entrare nessuno.
3 Può mandarci il curriculum? Vorremmo vedere se Lei ha l'esperienza necessaria per questo posto.
4 I conti venivano esaminati a gennaio. Così i dirigenti potevano pianificare le spese per l'anno seguente.
5 Abbiamo scelto la strada più corta. Volevamo arrivare in tempo per prendere il traghetto delle 7.00.
6 Molti inglesi scelgono di fare le vacanze in Italia. Gli piace visitare le gallerie d'arte e i musei.
7 Mentre gli italiani preferiscono andare in albergo, gli inglesi spesso preferiscono affittare una casa. Possono risparmiare soldi mangiando a casa.
8 Abbiamo bisogno di una segretaria. La segretaria dovrebbe tradurre le lettere in inglese.
9 Il mio capo era disposto a tutto. Aveva tanta voglia di licenziarmi.

Causes and reasons (*perché, siccome*)

Link these pairs of sentences together, expressing cause or reason, using either a gerund or a causal clause beginning with **perché**, **siccome**, etc.

Example

Mia sorella ha finito l'esame prima di me. È tornata a casa da sola.

Siccome mia sorella ha finito l'esame prima di me, è tornata a casa da sola.

Mia sorella è tornata a casa da sola **perché** ha finito l'esame prima di me.

1 L'aereo è partito con un'ora di ritardo. I nostri parenti hanno perso la coincidenza.
2 I signori Varese lavorano tutti e due. Trovano difficile occuparsi dei figli.
3 La scuola è finita il 22 dicembre. I ragazzi sono andati in montagna a sciare.
4 L'Italia fa parte dell'Unione europea. L'Italia deve adeguarsi ai provvedimenti europei sull'agricoltura.
5 Gli studenti sono stati bocciati agli esami dell'ultimo anno. Non avevano studiato per niente.

117 Expressing a result or consequence (*così che...*)

Complete the sentences in your own words, so that the answer makes sense, adding a clause or phrase of result or consequence:

Example

Ero così stanca che ...

Ero così stanca **che mi sono addormentata in macchina**.

1 Faceva tanto freddo in montagna che ____
2 Il ragazzo era così antipatico che ____
3 Sono ingrassata a tal punto da ____
4 Era bianca in faccia tanto da ____
5 Parlava così bene l'italiano che ____
6 La nostra insegnante era talmente stanca che ____
7 La nostra macchina è tanto scassata che ____

118

Expressing result or consequence (*quindi, per cui...*)

Link these two sets of events or actions using a link word or phrase that expresses result or consequence, such as **così ... che**, **tanto ... che**, **quindi**, **per cui**, and changing the infinitive given to the correct verb form, choosing the past tense you prefer (for example, perfect, pluperfect). You can talk about what you yourself did or about anyone else you choose:

> *Example*
> Studiare molto – stancarsi
> Ho studiato molto, **quindi** mi sono stancata.
> Mio fratello ha studiato molto, **quindi** si è stancato.
> Mio fratello aveva studiato molto **quindi** si era stancato.

1 mangiare tanta pasta – non riuscire a muoversi
2 essere tanto malato – non venire alla festa
3 essere simpatico – piacere a tutti
4 pattinare così bene – essere scelto per la squadra nazionale
5 avere così poco tempo – dover abbandonare il progetto

119

'Before', 'after', 'when' (sequence of events, *prima di, dopo, quando...*)

Here are a series of actions or events. Say when they take place (or took place) by making the verb infinitive, supplied in bold, into a time clause beginning with **prima**, **dopo** or **quando**, which makes it clear which action comes first (or came first). (You may have to reverse the order of the phrases.)

> *Example*
> Leggerò il giornale/**lavare** i piatti.
> Leggerò il giornale **quando avrò lavato** i piatti.
>
> Uscirò/**finire** di studiare.
> Uscirò **dopo aver finito** di studiare.

1 Il cuoco accende il forno/**fare** l'arrosto.
2 Siamo rimasti senza soldi/**pagare** tutte le bollette.
3 Sarà meglio controllare l'orario del treno/i nostri amici ci **accompagnare** alla stazione.
4 I bambini devono fare la doccia/**fare** il bagno nel mare.
5 Devo guadagnare un po' di soldi/**fare** una vacanza.
6 Comprerò il giornale/**andare** a prendere il pane.
7 Vorrei essere in forma/**andare** a sciare.
8 Abbiamo pulito le camere e cambiato le lenzuola/gli ospiti **partire**.
9 Leggerò tutti i libri che non ho avuto tempo di leggere a casa/**essere** in vacanza.
10 Ho voluto tentare l'ascesa del Monte Bianco/**essere** troppo tardi.

120

'If only ...' (condition, hypothesis)

Invent a suitable ending for the following sentences, using the present or past conditional to say what you or someone else could do 'if only' ...

> *Example*
> Se avessimo più soldi ...
> Se avessimo più soldi, **potremmo comprare una macchina più grande**.

1 Se tu ti alzassi più presto, ＿＿＿
2 Se mio marito non avesse venduto il televisore, ＿＿＿

3 Se mi fossi sposata con un italiano, ____
4 Se mi aveste chiamato, ____
5 Se il computer non fosse rotto, ____
6 Se avessimo scelto di andare in Italia invece che in Grecia, ____
7 Se i nostri amici ci accompagnassero con la macchina, ____
8 Se io vincessi la Lotteria, ____

121 — ### 'What would you do if . . .?' (condition, hypothesis)

Complete the questions below with the phrase in brackets, using the correct form of the verb supplied:

Example
Cosa direbbe il tuo ragazzo se ti (vedere con un altro uomo)?
Cosa direbbe il tuo ragazzo se ti **vedesse** con un altro uomo?

1 Cosa faresti se (perdere il passaporto)?
2 Cosa direbbe tuo marito se tu (andare al cinema con un vecchio amico)?
3 Cosa direbbe tua madre se (sapere che tu fumi)?
4 Cosa faremmo se (perdere l'ultimo treno)?
5 Cosa farebbero i bambini se la scuola (essere chiusa)?

122 — ### Expressing a condition or hypothesis (*se . . .*)

Answer the question, completing the sentence with the correct form of the verb given in brackets and a **se** clause which makes sense:

Example
Posso andare al mercato?
No, se ____ (spendere troppo).
No, se tu **andassi al mercato, spenderesti** troppo.

1 Perché non fa un corso di nuoto tua figlia?
  No, se mia figlia ____ (non avere tempo per fare i compiti).
2 Ti piacerebbe sposare Giuliano?
  No, se ____ (dovere fare tutti i lavori di casa) io.
3 Volete comprare una casa in Italia?
  No, se noi ____ (rimanere senza soldi).
4 Invitiamo l'insegnante di latino a cena?
  No, se ____ (gli altri ospiti annoiarsi).

123 — ### 'Although, in spite of . . .' (*benché, nonostante . . .*)

Link these two sets of circumstances with a link word or phrase that expresses concession (English 'although', 'despite . . .') such as **benché**, **anche se**, **nonostante**. Change the verb form and the order of the sentence where necessary.

Example
Mia nipote è molto intelligente. È stata bocciata a scuola.
Mia nipote è stata bocciata a scuola **benché sia** molto intelligente.
Benché mia nipote sia molto intelligente, è stata bocciata a scuola.

1 Non riuscivo a mangiare niente. Avevo fame.
2 Siamo arrivati in ritardo. Siamo riusciti a prendere l'aereo.
3 Era un candidato ben qualificato. Non è stato assunto.

4　Il libro ha avuto molto successo. L'autore era sconosciuto.
5　Il presidente è rimasto al potere. Era stato accusato di corruzione.

124

'So long as, provided that . . .' (*purché, a condizione che . . .*)

Link these two sets of circumstances with a link word or phrase that expresses condition, reservation or exception (English: 'on condition that', 'provided that', 'except', 'unless') such as **a condizione che, purché, eccetto che, tranne che, a meno che** (non).

Example
Ti porto al cinema ＿＿ paghi tu.
Ti porto al cinema **purché** paghi tu.

1　Accetto l'incarico ＿＿ mi diano un aumento di stipendio.
2　Tutti gli operai verranno licenziati ＿＿ non siano disposti a firmare il nuovo contratto.
3　Facciamo un'ora di ginnastica in palestra tutte le mattine ＿＿ quando siamo troppo impegnati.
4　Abbiamo sempre fatto tutto insieme – scuola, università, lavoro – da quando ci siamo conosciute, ＿＿ lei non ha lavorato quando i figli erano piccoli.
5　Andiamo alla pizzeria Mamma Mia ＿＿ non preferiate andare al ristorante cinese.
6　Ti presto la mia macchina ＿＿ me la riporti intatta.
7　Penso di tornare in Italia ＿＿ non mi offrano un posto qui a Oxford.
8　Ti chiamo stasera dall'albergo ＿＿ ci sia un telefono in camera.

3 Scenes

These scenes allow you to practise more than one language function in a variety of contexts, mainly connected with work. In *Cross-references*, there is a list of the language functions and structures that you might need to refer back to, for example, in *Modern Italian Grammar*.

Arranging to do a summer language course in Italy

Scene 1

Completing the enrolment form

You are planning to take a summer language course in Florence, and a school of Italian for foreigners has sent you an enrolment form to complete. Fill in the form with your personal details, indicating your preferences and requirements:

QUESTIONARIO

Nome _____

Indirizzo _____

Data di nascita _____

Lingua madre _____

Da quanto tempo studia l'italiano?

_____

Dove ha studiato?

_____

Qual è il Suo livello di conoscenza della lingua?

_____

Quali altre lingue straniere conosce, e a che livello?

_____

Che tipo di corso desidera frequentare?

Conversazione	Grammatica	Letteratura	Lingua commerciale
Elementare	Intermedio	Avanzato	

Che tipo di sistemazione preferisce?

Albergo	Pensione	Camera in appartamento	In famiglia

Quale tipo di attività culturale o ricreativa desidera svolgere durante il soggiorno a Firenze?

_____

Writing a letter booking a summer language course

You now have to send the enrolment form back to the language school in Italy, along with a letter in which you explain in detail your choice of course and other options, and ask to reserve a place on the course:

Complete the following letter with the missing words or phrases:

```
                           Spett. Scuola di Lingua Italiana
                                        Via del Mandorlo, 16
                                              50125 FIRENZE

     Spett. Scuola
     __ invio il questionario per l'iscrizione ai vostri corsi,
     debitamente compilato.
     __ prego di iscriver __ al Corso Intermedio di Grammatica
     che __ terrà dal 20 al 31 luglio p.v.
     __ prego anche di prenotar __ una camera matrimoniale in
     pensione.

     Allegato alla presente lettera __ invio l'assegno per il
     pagamento della quota di iscrizione al corso, e per la
     prenotazione della pensione.

     Mio marito __ accompagnerà durante il soggiorno a Firenze.
     Poiché __ interessiamo di musica, __ prego di inviar __, se
     __ è possibile, informazioni sulla attività musicale che __
     svolgerà a Firenze nel mese di luglio e le istruzioni per
     abbonar __ ai concerti del Teatro Comunale.

     Distinti saluti

                                                      (firma)
```

Planning your stay in Florence (letter to a friend)

After successfully booking your summer course, you write a letter to Antonio, an Italian friend, who lives in Florence. Translate the following letter into Italian, paying attention when talking about future plans:

Dear Antonio,

Finally I've managed to enrol for an Italian course in Florence. The course will be from the 20th to the 31st of July, and, as you know already, Philip will come with me too. We will be staying in a 'pensione' and we plan to spend the evenings following the programme of concerts at the Teatro Comunale.

Will you and Annalisa be in Florence at that time? I really hope so. If you are free, we could spend a few evenings together and even make some trips away from the city at the weekends.

By the way, I would like to ask you a favour. Could you send me some information on the cost of hiring a car for two weeks? Philip will have a lot of free time and he'd like to visit Tuscany, while I'm busy with my lessons.

Awaiting your news, best wishes and love from Philip as well as from me.

Joanna (Brook)

Final arrangements before leaving (making a telephone call)

Your travel agency has reserved your flight to Florence and has given you the following sheet of paper with all the travel details:

Res. no. 27653

Departure:	18 July 1998 Gatwick/North 16.05 Flight no. BA 761
Arrival:	Pisa Airport 19.15
Transfer to hotel:	by courtesy coach to Florence Railway Station (every 20 min.) then by taxi to your hotel

You can now call your friend Antonio to confirm details of your arrival. After learning that you and Philip will arrive on the 18th of July, Antonio asks you for more details.

J. Pronto, Antonio? Sono Joanna, ti telefono da Londra.

A. Pronto, ciao Joanna. Allora quando arrivate, finalmente?

J. . . .

A. Dimmi il numero del volo e l'orario d'arrivo, così verremo a prendervi in macchina a Pisa.

J. . . .

A. Beh, se avete già prenotato il pullman, allora verremo alla stazione ferroviaria. Così vi accompagneremo in albergo, e poi potremo cenare insieme da noi.

J. . . .

A. Bene! Allora vi aspettiamo verso le 9 meno un quarto al Terminal dei pullman.

J. Va bene. Siete sempre molto gentili! Ci vediamo a Firenze! Ciao.

Applying for a job

Scene 5

Writing your own CV

'Free' exercise: no answer key provided.

Complete the form with information about yourself:

Generalità
Cognome
Nome
Data e luogo di nascita
Stato civile
     (celibe/nubile, coniugato/a, divorziato/a, vedovo/a)
Residenza
Nazionalità
Titolo di studio
     (diploma di . . ., laurea in . . ., dottorato in . . .
     best followed by exact title in your own language)
Occupazione

You may use the list of general information above as an introduction to your CV (curriculum vitae), adding all other details you consider useful (telephone numbers, etc.). The usual list of dates and qualifications or work experience will follow. Brief definitions are more appropriate for a CV. So try to use a single noun which describes your job or qualification. If you need to use a verb, it is best to use the past participle, as highlighted in these examples:

1982   **Diploma** di Scuola secondaria superiore in Italiano, Francese e Storia (A Level)
1986   **Laurea** in Lingue presso 'Oxford Brookes University' di Oxford (BA Hons)
1988   **Insegnante** di Francese presso 'Risinghurst Girls' School' di Oxford

1991   **Iniziato** il lavoro di collaborazione con la Casa Editrice 'Standard' di Glasgow
1994   **Tradotto** il manuale di pollicultura 'Modern British Poultry Farming'

Remember that education systems and corporate organisations are different in each country. So to make your academic qualifications and job definitions clear to an Italian employer, the best solution might be to use the original qualification or title in English together with a brief description in Italian.

Scene 6

Writing business letters

A letter of application

In general, you need to send a letter of application, as well as your CV, to a company or organisation when applying for a job with them. It might be a private company or a public organisation that has advertised in the press a vacant position as translator.

Formal style:

The following short letter is addressed to a public organisation using the highly formal style normally required when dealing with Italian public administration:

```
Al Comune di Pozzuoli
Ufficio Reclutamento Personale

Il sottoscritto Thomas Hughes, nato a Birmingham (Regno
Unito) il 25.5.1971 e residente a Napoli in Via C.Console
25, cittadino britannico, chiede di partecipare al concorso
per la selezione di un traduttore di lingua madre inglese,
come pubblicizzato sulla stampa il giorno 25.11.1996.
Allega alla presente domanda il curriculum vitae, corredato
delle proprie generalità.

Con osservanza                                    Thomas Hughes
```

Informal style:

Now try to convert the letter of application shown above into a similar letter of application, but using a more informal style, more appropriate for dealing with a private company, Linguaviva SpA:

```
Spett. Linguaviva SpA,
. . .

                                                  Thomas Hughes
```

Change of address

Now try the opposite procedure. Convert an informal business letter (shown below) announcing a change of address sent to a newspaper to which you have a subscription, into a formal communication, saying the same thing but addressed to the tax office which deals with your tax affairs:

Informal style:

> *Oggetto: cambio di indirizzo*
> *Rif.: abbonamento n. 37543*
>
> *Spett. 'Il Quotidiano',*
>
> *Vi comunico che il mio indirizzo è cambiato come segue:*
> *Thomas Hughes*
> *Via Luciano, 34*
> *10131 Torino*
>
> *Vi prego di inviarmi d'ora in avanti il giornale e tutta la relativa corrispondenza al nuovo recapito.*
>
> *Distinti saluti*   *Thomas Hughes*

Formal style:

After starting the letter with the subject (**oggetto**) and tax code reference number, tell the tax office of the change of address:

```
Alla Direzione Provinciale del Tesoro, Torino

Oggetto: Cambio di Residenza

Rif.: Codice Fiscale HGSTMS51E25F839M

Il sottoscritto . . .
```
                                          Thomas Hughes

Scene 7 — **A job interview**

During an interview for a job as sales consultant in an insurance company, you want to ask some practical details about working conditions, working hours, holidays, etc. Taking your cue from the answers given by the personnel manager (PM), try to formulate the appropriate questions, using the suggested verbs.

Notice how, in this kind of situation, formality requires the use of verbs in the passive form, to stress the impersonality of rules and requirements, and to avoid any direct reference to those involved in the interview:

QUESTION: (**richiedere** – to require) . . .
          . . .?

PM: Per questo lavoro **è richiesta** una conoscenza adeguata della legislazione italiana in materia di assicurazioni sulla vita e almeno due anni di esperienza.

Q: (**svolgersi** – to take place) . . .
          . . .?

PM: Il lavoro si **svolge** principalmente presso i clienti. Ma **è richiesta** la presenza in ufficio almeno due volte alla settimana.

Q: (**rimborsare** – to reimburse) . . .
          . . .?

PM: Le spese di trasporto e di rappresentanza **sono rimborsate** ogni mese, in base alla documentazione **presentata** (ricevute, fatture, ecc.).

Q: (**prevedere** – to allow for) . . .
          . . .?

PM: **Sono previsti** trenta giorni di ferie all'anno, più le festività nazionali. Il sabato non è lavorativo.

Q: (**comporre** – to compose) . . .
        . . .?
PM: La retribuzione **è composta** di una quota mensile fissa più le provvigioni sui
        contratti conclusi con i clienti.

The world of work: career changes

Frequent changes of job have become a fact of life for most people. You should be able to talk
or write in Italian about your present professional position, and the changes that you have
experienced in the past.

Scene 8 — Job stability in Italy and the USA (dialogue)

First read this conversation between two people, in which a few key words are highlighted in
bold. Try translating it into English at sight, writing it down if you need to. A model
translation is supplied in the key.

Anna Maria Anelli (AA) and Giorgio Sanfilippo (GS) are teachers of English in a private school
in Rome. Giorgio has been at the school for a year and lived for a few years in the United
States, teaching Italian in Chicago and then Atlanta.

GS: **Quando** ero in America cambiavo **impiego** molto frequentemente. In cinque anni ho
        lavorato in sei scuole differenti.
AA: **Quanto tempo** sei stato ad Atlanta?
GS: **In tutto** due anni ed ho avuto tre **datori di lavoro** diversi. **Era** quasi **impossibile**
        rimanere più di un anno nella stessa scuola, **perciò ho dovuto** cambiare due volte.
        Bisogna abituarsi a questo sistema, **se si vuole** lavorare in America.
AA: Beh, qui gli impieghi sono più stabili. Io, per esempio lavoro in questa scuola **da tre anni**
        e non ho mai avuto occasione di cambiare. **Comunque** anche in Italia è diventato
        difficile avere un lavoro **a vita**. Quasi sempre viene offerto un **contratto a termine**, che
        poi **viene rinnovato** solo se il datore di lavoro lo ritiene conveniente.
GS: Sì, però in Italia è possibile trovare un **posto** nel **settore pubblico** che, **in genere**,
        garantisce **sicurezza** e la **previdenza pensionistica**. Il problema è che le opportunità di
        lavoro sono poche. Quando **ero** ad Atlanta **ci sono state** le Olimpiadi ed **era** facile trovare
        lavoro come interprete o accompagnatore.
AA: Certo i lavori **saltuari** sono utili per **integrare** lo stipendio, ma in genere le **retribuzioni**
        sono basse. **Quanto guadagnavi** quando lavoravi come interprete?
GS: **Circa** 120 dollari al giorno. **Se avessi lavorato** sempre come durante le Olimpiadi, non
        avrei avuto problemi economici. In America uno stipendio da insegnante **non basta** per
        vivere bene.
AA: Beh, questo è vero anche in Italia, **sebbene** il costo della vita **sia** più basso.

Scene 9 — More on job stability in Italy and the USA

Creating a narrative text (reported speech)

After making sure you have understood the meaning of the original Italian text thoroughly
(paying particular attention to the words in bold above), transform it into a narrative text in
Italian, describing Anna Maria's and Giorgio's job situation and past experiences, using the
third person, as in the example below. Check your answer in the Answer key.

Example:

Giorgio Sanfilippo è un insegnante che ha lavorato negli Stati Uniti per cinque anni. In cinque anni ha cambiato scuola sei volte. **È stato** ad Atlanta per due anni e lì **ha avuto** tre datori di lavoro differenti.

---Scene 10---

Your own career history

('Free' exercise: no answer key provided)

Now try to answer the following questions about yourself, as if you were having a job interview in Italy. Make an effort to use all the words and expressions contained in the previous exercise, expanding and adapting them to your own experience:

QUESTION: Da quanto tempo è in Italia?
ANSWER: . . .
Q: Che lavoro faceva?
A: . . .
Q: Per quanto tempo ha lavorato in quel posto?
A: . . .
Q: E prima, ha avuto altri impieghi? E per quanto tempo?
A: . . .
Q: Ha avuto altri lavori saltuari, oltre a quello principale?
A: . . .
Q: Mi scusi l'indiscrezione. Potrebbe dirmi quale era la sua retribuzione?
A: . . .
Q: Come sa oggi è quasi impossibile ottenere un posto fisso in qualsiasi azienda. Lei accetterebbe un contratto a tempo determinato?
A: . . .
Q: Quando era nel suo paese quanti giorni di ferie all'anno aveva?
A: . . .
Q: Ora avrei piacere se Lei esprimesse tutto ciò che si aspetta economicamente dal nuovo lavoro, come retribuzione e altri benefici (ad es. ferie, pensione o altro).
A: . . .

---Scene 11---

Are you a leader?

Our leadership qualities (or lack of them) are apparent in our behaviour, whenever we are faced with decisions or choices. In the following exercise, taken from a psychological test, you are given a series of situations which might well occur in the work environment.
On the first line of each question, you will find the responses given by someone not psychologically suited to leadership. Write down on the second line how you think *you* would be most likely to react. If your answers are identical or similar to those in the answer key, you may have demonstrated not only your hidden managerial qualities, but also a good knowledge of Italian!

(a) *A una festa o altra occasione sociale non conosci nessuno*
    aspetti di essere presentato/a e eviti di chiacchierare con chiunque
    . . .
(b) *Il tuo capo ti chiede di fare un lavoro su cui hai delle perplessità*
    lo esegui subito senza discutere
    . . .
(c) *Succede qualcosa che ti rende felice*

mantieni la riservatezza con i colleghi ed eviti di parlarne

. . .

(d) *Quando incontri una persona nuova che sarà importante nel tuo lavoro*
cerchi di mostrare il tuo lato migliore, fare una buona impressione

. . .

(e) *Devi prendere una decisione improvvisa*
cerchi di guadagnare tempo, e non ti affidi all'istinto

. . .

(f) *Qualcuno ti fa arrabbiare*
preferisci sfogarti subito, anche a costo di litigare

. . .

(g) *Il tuo motto preferito è*
'non fare oggi quello che puoi rimandare a domani'

Our placement students at work

Let's see how our four placement students are getting on meanwhile, in Genova, Trieste and Udine:

Scene 12

Finding accommodation

Jonathan (JW), Camilla (CP), Mark (MG) and Laura (LH) talk about their accommodation with Silvia Pastore, an Italian friend (SP):

SP: Hai trovato un appartamento, Jonathan?

JW: *No, but I've got a room with a family.*

SP: Ah, ho capito. E tu, Mark?

MG: Ho trovato un appartamento con altri tre stagisti: uno di Salford, una ragazza spagnola e una di Luton. È comodo, perché è vicino al lavoro, ma stiamo un po' stretti.

LH: *Are you cramped? Do you have to share a room?*

MG: *At the beginning I had to share a room with a Spanish guy, but then he left, and for 2 days I've had a room all to myself.*

CP: *I'm lucky, I've got my own room, with my friends. I don't pay any rent; I can walk to work, and I get all my meals at the hotel.*

LH: Come hai trovato la stanza, Jonathan?

JW: *First I asked my colleagues if anyone had a room free. But nobody could help me. Then I was offered a room by the relative of a colleague. I've been there a week now. It's fine.*

SP: Mark, il tuo appartamento era già attrezzato, o hai dovuto comprare delle cose?

MG: *I had to buy some sheets. I didn't bring them from England because I hadn't realised I would need them. I thought the landlord would supply them.*

SP: Laura, il tuo appartamento a Genova invece, è un po' lontano dall'università dove lavori. Come sono i trasporti?

LH: *I get a bus; there are 2 buses an hour, one an hour in the evening or on Sundays. It's only 1500 lire a ticket, or about 15,000 lire a week.*

MG: *I walk; it only takes about 5 minutes from home to work.*

CP: Anch'io. Udine è piccolissima come città. Non c'è bisogno della macchina.

Scene 13

Translating a business letter into English

Camilla (CP) has been asked by her colleague, Daria Simone (DS), to translate a business letter into English. See if you can help too:

DS: Camilla, ci puoi dare una mano a tradurre questa lettera? Il direttore ha scritto ad un'agenzia di viaggio americana. Lui ha scritto in italiano, e vuole che noi traduciamo la lettera in inglese.

CP: Certo. Me la leggi?

DS: Allora, la prima fase da tradurre è: 'Egregio Direttore, Totem Travel, Lompoc, California ___ '

CP: Prima di tutto, di solito in inglese non mettiamo 'Egregio Direttore', ma piuttosto ___ o ___ oppure mettiamo il cognome.

DS: Poi ___ 'con riferimento alla vostra lettera del 5 maggio u.s.'

CP: OK, allora metti 'with ___ ' oppure '___ your letter of ___ '

DS: '___ e alla vostra proposta di far venire gruppi di turisti americani ultrasessantenni in Liguria a partire dall'anno prossimo.'

CP: Piano, piano. Dunque '___ '

DS: 'Avremmo bisogno di ulteriori informazioni'

CP: Uhmm, allora '___ '

DS: '___ che ci aiutino a valutare la situazione riguardo ai vostri clienti'

CP: Dunque '___ '

DS: 'Quando avremo un quadro più completo della situazione, saremo in grado di prendere una decisione a proposito.'

CP: Io direi: '___ '

DS: Poi c'è quest'ultima frase: 'Nel caso di eventuali cambiamenti di indirizzo o altre generalità, si prega di compilare il modulo allegato.'

CP: '___ ' No, ecco, mettiamo '___ '

DS: 'Nel frattempo, vi inviamo distinti saluti.'

CP: Ma, io direi semplicemente, '___ ' oppure '___ ' Certo, le lettere italiane sono sempre più formali di quelle inglesi o americane. Noi diciamo le cose in modo più semplice, più diretto.

Receiving explanations and instructions at work

Scene 14

Learning how to use office equipment

Mark is starting his work placement in Italy. He has never used any office equipment before, and is receiving instructions on how to use a fax and a photocopier. Since Mark is a young student, his supervisor uses the informal *tu* form to tell him what to do.

Complete the dialogue with the imperative forms of the verbs in brackets.

Impara a usare il fax

Bene Mark, se vuoi mandare un fax, per prima cosa ___ (inserire) il documento con la parte stampata visibile. Poi ___ (regolare) le guide sulla larghezza del documento. Ora ___ (sollevare) la cornetta del telefono e ___ (selezionare) il numero del destinatario. Appena senti il tono del fax ricevente ___ (premere) il tasto *Avvio* e ___ (riagganciare) il telefono. A questo punto il documento viene trasmesso.

Se il documento è costituito da più di una pagina, ___ (inserire) la seconda pagina subito dopo la prima. Ma, attenzione, non ___ (aspettare) troppo, altrimenti la seconda pagina non verrà trasmessa!

... e la fotocopiatrice

Adesso prova a usare la fotocopiatrice. Innanzitutto ___ (scegliere) il formato del foglio che devi fotocopiare. ___ (premere) il tasto *A3/A4*. Poi ___ (mettere) il foglio sul piano di vetro in corrispondenza delle guide e ___ (chiudere) il coperchio. Ora ___ (selezionare) il numero di copie che devi fare e non ___ (dimenticare) di controllare che ci sia carta sufficiente nel cassetto. Ora ___ (premere) il tasto *Avvio*. Alla fine ___ (stare) attento, non ___ (lasciare) la fotocopiatrice accesa, ma ___ (spegnerla) prima di andare via, premendo il tasto *Power*.

Now imagine that the supervisor wishes to use the formal **Lei** form to instruct Mark, and use the same verbs as above but in the **Lei** form this time. Use the Answer key to check your answers.

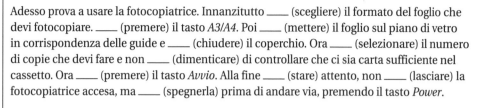

Scene 15

Asking how to do something

When asking for instructions or explanations, in Italian, the most common form is the use of impersonal forms of verbs with an interrogative word as in the examples given. In English the 'you' form ('How do *you* switch this machine on?') is often used with the more general meaning of 'one' ('How does *one* switch this machine on?'), often best conveyed in Italian by the '**si** impersonale' or '**si** passivante':

QUESTION: **Come si accende** il computer?
REPLY: **Si accende** premendo questo tasto.

QUESTION: **Dove si deve** registrare la corrispondenza?
REPLY: **Si deve registrare** alla segreteria.

When answering questions like this, you can use either the straightforward imperative form of verbs (as in the previous scene) or else other less direct ways of giving instructions. You can, for example, try to use the following expressions, whenever appropriate: **bisogna**, **si deve**, **occorre**, **è necessario**, **ti consiglio di** ....

In this exercise, use the second line to translate into Italian the request for instructions, and on the third line answer the question and give the instructions, also in Italian. Some of the instructions (on using the fax or photocopier) have already been given in the previous scene, so you may be able to find the answer by looking back.

1 QUESTION: How do you send a fax?
   (Italian)   ...
   REPLY: ...
2 QUESTION: When do you insert the second page?
   (Italian)   ...
   REPLY: ...
3 QUESTION: How do you select the paper size?
   (Italian)   ...
   REPLY: ...
4 QUESTION: How do you switch off the photocopier?
   (Italian)   ...
   REPLY: ...
5 QUESTION: Where do you find clients' addresses?
   (Italian)   ...
   REPLY: ...
6 QUESTION: How do you write 'airmail'?
   (Italian)   ...
   REPLY: ...

7   QUESTION: How do you dial an external telephone number?
    (Italian)   . . .
    REPLY: . . .

8   QUESTION: How do you answer if they ask for the manager?
    (Italian)   . . .
    REPLY: . . .

9   QUESTION: What do you write at the end of a letter?
    (Italian)   . . .
    REPLY: . . .

10 QUESTION: How do you say 'hold on a second'?
    (Italian)   . . .
    REPLY: . . .

11 QUESTION: What time does one go to lunch?
    (Italian)   . . .
    REPLY: . . .

12 QUESTION: What time do the doors close?
    (Italian)   . . .
    REPLY: . . .

13 QUESTION: How do you switch on the printer?
    (Italian)   . . .
    REPLY: . . .

14 QUESTION: How do you insert paper in the printer?
    (Italian)   . . .
    REPLY: . . .

15 QUESTION: Who do I ask for stationery?
    (Italian)   . . .
    REPLY: . . .

Scene 16

Getting someone to do something

In Italian, to express the idea of 'letting someone do something', or 'getting someone to do something', we often use the verb combination **far . . . fare**, as in these examples:

Fammi vedere. (*tu* form)	Let me see.
Mi faccia vedere. (*Lei* form)	Let me see.
Falli attendere. (*tu* form)	Get them to wait.
Li faccia attendere. (*Lei* form)	Get them to wait.

Now translate the following sentences into Italian. The first four are instructions. Translate them using both the *tu* and the *Lei* form where appropriate.

1 Let them take a little rest.
   (*Tu*)   . . .
   (*Lei*)   . . .

2 Let me have an answer a.s.a.p.
   (*Tu*)   . . .
   (*Lei*)   . . .

3 Ask the finance office to reply to them.
   (*Tu*)   . . .
   (*Lei*)   . . .

4 Please Paul, don't drive me crazy! Give me the folder back.

(*Tu*)   . . .
(*Lei*)   . . .

5   Yesterday the manager made us wait an hour.
    . . .

6   I'll let you have those letters tomorrow.
    (*Tu*)   . . .
    (*Lei*)   . . .

Organising a conference, booking accommodation

Scene 17

Deciding where to hold the conference

The company that Mark is working for is arranging the yearly international insurance conference. Andrea Folena, Donatella de Marchis and Carla Mariani are discussing arrangements. Some parts of the discussion have been left out but we have given you the lines in English; complete the discussion by translating these into Italian:

CM: Allora passiamo al congresso internazionale dell'anno prossimo.

AF: *Where's it to be held? Who's supposed to be organising it?*

CM: Il congresso dell'anno prossimo sarà in Italia, e quindi tocca a noi qui alla sede italiana decidere dove e come organizzarlo.

AF: *I see. Well, in my opinion we should choose somewhere better than last year. Last year was a good location but the food was disgusting.*

DM: Sì, sono d'accordo. Il peggiore di tutti gli alberghi che abbiamo avuto finora . . .

CM: *No, you're wrong. The hotel we had in Germany was the worst ever. It was more convenient than the French one and quieter than we had expected, but the food was just as disgusting as in the French one and much dearer.*

DM: Per quanto riguarda il prezzo, almeno in Italia dovrebbe essere meno caro . . .

CM: *It usually depends on the number of rooms we require and length of stay. How many people are expected? How long does the conference last for? Will any of the delegates bring their partners?*

AF: *Some of our managers always bring their partners; others prefer to leave them at home. Bianchi the engineer always brings his wife for example; Palmi, the lawyer, never brings her husband.*

DM: Cosa ve ne pare della Sicilia?

AF: *Good idea. I love Sicily.*

CM: *I don't. I'd really prefer a location in the north. What about the lakes?*

DM: I laghi piacciono a tutti ma gli alberghi sono cari.

CM: *Sicily's inconvenient. I'm not happy about the idea of arranging transport from Milan or Rome for those coming from other countries.*

AF: *I'm not either.*

DM: Non c'è problema. Per Palermo ci sono voli diretti da Londra o da New York, da Parigi o da Monaco di Baviera.

AF: *OK, since you know all the details, perhaps you feel like organising it . . . ?*

Scene 18

Reserving a room by telephone

Now write a dialogue where Mark needs to reserve a hotel room in Rome, by telephone or fax, from the office. His colleague, Anna, tells him to get the secretary to do it. The secretary is not there so in the end he gets his colleague to do it for him. In the dialogue, Anna asks Mark for the telephone number and Mark reminds her he needs a single room, and wants to know if he can pay with a credit card. After attempting your own dialogue, look in the Answer key for one possible solution.

Mark	Anna
...	...
...	...
...	...
...	...
...	...
...	...

Personality problems in the workplace

Complaining about a colleague

This is a letter written to a women's magazine by a group of employees in a travel agency in Sicily. They are asking for advice on how to deal with a new difficult colleague who is creating problems in the workplace. Written in bold in the text, you will find words and phrases describing this person's appalling behaviour. At the end there is a list of alternative words and phrases that are synonyms or near-synonyms of the words in bold. To make it easier, we have divided the list into verbs, nouns and adjectives.

With the help of a dictionary if necessary, try and match up the words in the text with their synonyms in the list beneath the text. Then rewrite the letter using the alternative word or expression, and making any necessary adaptations.

Caro direttore
Siamo un gruppo di operatori turistici in una piccola città della Sicilia. Lavoriamo in un ambiente familiare e in un'atmosfera di confidenza. Ma sei mesi fa è stata assunta una nuova impiegata molto **maleducata** e sono iniziati **i guai**.
È **una pettegola**, **si immischia** negli affari di tutti e **sparla** continuamente dei colleghi. Quando qualcuno ha un problema inizia a **prenderlo in giro** ed è tanto **petulante** che non **si trattiene** di fronte a questioni intime o di salute. Ha fatto scoppiare **un litigio** fra un collega e sua moglie, raccontando a lei di **una presunta tresca** fra lui e un'altra donna. Infierisce con insistenza su un altro che, separato dalla moglie, confessa di non avere più rapporti sessuali. Inoltre quando entra in ufficio non saluta nessuno e **ignora** tutti. È **arrogante** e **altezzosa** con gli impiegati dipendenti. È così **avara** che non contribuisce neppure alla cassa comune per il caffè (salvo poi per berlo, senza ringraziare). Con il direttore si comporta da **leccapiedi**, senza **pudore**.
Prima le abbiamo parlato con **le buone**, poi con **le cattive**, poi abbiamo provato a **ignorarla**, ma niente: **non ne possiamo più**! Cosa ci consiglia di fare?
Lettera firmata

Parole e frasi alternative (sinonimi e quasi sinonimi)

verbi	nomi	aggettivi
esplodere	relazione	ipotetico
fare finta di niente	adulatrice	borioso
parlare male	vergogna	tirchio
intromettersi	chiacchierona	prepotente
fermarsi	lite	screanzato
non farcela più	inconvenienti	fastidioso
deridere		personale

Scene 20

Bad manners and good manners

At the end of the letter in the previous exercise, you find the expression:

Le abbiamo parlato **con le buone e con le cattive**.

Buone and **cattive** here imply the word **maniere** (manners). Below are given some examples of appropriate and inappropriate types of behaviour in the work environment; the left-hand column gives examples of good manners, the right-hand one examples of bad manners.
Try now and complete the columns by giving examples of good or bad behaviour in the gaps:

Buone maniere	Cattive maniere
1 ...	Ignorare i colleghi, quando si entra in ufficio.
2 Non interferire nella vita privata degli altri.	...
3 ...	Quando un cliente fa delle domande, si risponde 'Che barba!'
4 Arrivare puntuale agli appuntamenti.	...
5 ...	Quando il caffè non è buono, si dice: 'Mi fa schifo!'
6 Per chiedere una penna si dice: 'Mi daresti la penna per favore?'	...
7 ...	Quando qualcosa non ci interessa, si dice 'Chi se ne frega!'
8 Per chiedere a qualcuno di andarsene si dice: 'Prego, si accomodi fuori!'	...
9 ...	Manifestare noia e disgusto per il lavoro.
10 Avere pazienza quando un collega più giovane commette un errore.	...

Scene 21

Optimists and pessimists

People's personalities are particularly important when it comes to their professional achievements or failures. According to psychologists, optimistic people have more success, live longer, and get on better in life than pessimists.

Let's see how these two types of personality can be described in Italian:

Un pessimista, di fronte ad un fallimento se ne assume in pieno la responsabilità, mentre quando ottiene un successo si ripete 'è stata solo fortuna' oppure 'è l'unica cosa che mi riesce bene'. Quando si presentano delle occasioni si ritrae, non osa perché non crede a sufficienza nelle proprie potenzialità.

Un ottimista, al contrario, se qualcosa non va, tende a pensare che 'un errore può sempre capitare', e in caso di successo si congratula con se stesso e aumenta la propria autostima. Essendo più allegro e meno depresso, egli va incontro a nuove affermazioni grazie alla fiducia nelle proprie capacità di successo.

Now, try to imagine a conversation between you and your boss. Complete the dialogue with answers that convey either an optimistic attitude or a pessimistic attitude towards your job:

CAPO: Complimenti, signora Paola, la sua relazione sulle attività dell'anno scorso è piaciuta molto al Direttore Generale.

Risposte ottimiste	Risposte pessimiste

PAOLA: . . .   . . .

CAPO: Peccato che, invece, l'ufficio contabilità abbia trovato degli errori nelle previsioni finanziarie per l'anno prossimo.

PAOLA: . . .   . . .

CAPO: Comunque vorrei proporle di occuparsi del progetto di apertura della nuova filiale in Arabia Saudita, l'anno prossimo. È un lavoro difficile, ma di grande prestigio e molto ben retribuito.

PAOLA: . . .   . . .

Romance in the workplace

In the Italian popular press, problems of the heart still preoccupy a certain percentage of the female readership – and no doubt some of the male readership as well – as the letters to an Italian 'agony aunt' (Scenes 23 and 24) show.

Please note!
It should not be imagined that such affairs of the heart are representative of what goes on in the Italian workplace; they were chosen purely for light relief in contrast to letters to the tax office and other such serious matters. The first scene however does occur quite frequently!

Scene 22

Camilla's dilemma

Camilla has met someone while on work placement in Italy and doesn't know how to tell her boyfriend back home. She discusses it with Silvia, her friend.
Complete the missing parts of the following dialogue, using the verbs in brackets in the conditional mood:

CAMILLA: Credo di aver preso proprio una cotta! Ma ora . . . come faccio a dirlo a Stephen? Lui è sempre innamorato di me, e non vorrei proprio farlo soffrire.

SILVIA: Beh, se è una cotta, forse passerà presto. Quando vedrai Stephen?

CAMILLA: (**Dovere**) vederlo dopodomani. Ma forse non (**avere**) il coraggio di guardarlo negli occhi.

SILVIA: Allora c'è tempo per preparare un po' il terreno. (**Potere**) telefonargli.

CAMILLA: No, per carità! Al telefono non (**riuscire**) a dirglielo. E poi ho paura che la sua reazione (**essere**) più difficile. Mio Dio! (**Volere**) morire!

SILVIA: Hai ragione. Ma allora non c'è niente da fare. Penso proprio che (**dovere**) aspettare qualche giorno.

CAMILLA: Sì, è vero. Per fortuna che ci sei tu a consigliarmi! Come (**fare**), se non avessi te?

In this dialogue, instead of using the conditional, all the verbs in the dialogue except **volere** and **fare** could be in the future indicative tense. Now write down the future form for each of them as they occur in the text:

dovere ____   avere ____   potere ____
riuscire ____   essere ____

Scene 23

Silvana and 'the older man'

Silvana is 17, and she is in love with an older man. When her mother found out, they had an emotional conversation. After reading the story, transform it into a dialogue, paying attention to the use of the verbs highlighted in bold in the text.

Silvana è molto inesperta in affari di cuore: ha avuto solo qualche piccolo flirt, mentre Max è già un uomo e un autentico latin lover. Con lui ha conosciuto i primi brividi della passione e la cottarella si è trasformata in qualcosa di più profondo. Sono diventati inseparabili.

È stata sua madre Rosaria ad affrontare l'argomento. **A lei sembra che** Silvana stia esagerando con quell'uomo, gli sta sempre appiccicata addosso come un francobollo. Silvana, diventando rossa come un peperone, risponde che **è sicura che** non c'è niente di male in quello che fa, e poi forse la madre **ha dimenticato** cosa provava quando anche lei aveva 17 anni.

No, non è vero! Rosaria **ricorda** perfettamente le prime esperienze d'amore, ma allora lei aveva 23 anni, mentre Silvana ne ha solo 17. Forse non **le crede**, ma alla sua età lei si sentiva ancora una bambina.

Silvana è furibonda. La madre **pensa che** lei sia ancora una bambina? Beh, si sbaglia! **Sa che** Max la ama, e non **dubita** dei propri sentimenti. **Può darsi che** questa cotta le passi, ma sicuramente non si tratta solo di un gioco da bambini.

Rosaria chiede scusa alla figlia per averla offesa. **Spera che** Silvana possa capire la sua preoccupazione, e le chiede solo di essere prudente. **Non sa se** sia giusto interferire nei suoi affari di cuore, ma **è sicura che**, come madre, deve offrire alla figlia tutti i consigli che **ritiene** le siano necessari.

ROSARIA: . . .
SILVANA: . . .
ROSARIA: . . .
SILVANA: . . .
ROSARIA: . . .

Scene 24

Falling in love with the boss

Try to reconstruct this simple, and rather stereotyped, love story (male boss, female secretary), again taken from the agony-aunt page. It has been randomly scrambled to test your comprehension ability. Put all the pieces in the right order. Write down the correctly ordered text and check the result in the Answer key. We haven't given you the whole of the letter so you will have to imagine what happens next . . .

1   Finalmente un giorno mi chiese di sposarlo: 'Avremo una vita splendida insieme. Tu ed io crediamo negli stessi valori.'
2   Era ricco, elegante, e sembrava che fosse disegnato apposta per fare innamorare una giovane segretaria come me.
3   Quella sera, dopo cena, mi portò nel suo appartamento e facemmo l'amore. Poi,

teneramente abbracciati, passammo la notte a fantasticare sul nostro futuro.

4   Un uomo come lui, per cui la carriera era la vera ragione di vita, aveva bisogno di una donna come me, che mettesse il lavoro al primo posto.

5   Andavamo sempre a pranzo insieme e presto cominciammo a vederci anche fuori dall'ufficio. Io non potevo fare a meno di sognare il mio futuro insieme a lui.

6   Il nostro rapporto, che all'inizio era solo professionale, diventò sempre più intimo.

7   Tutto cominciò quando, nello studio legale dove lavoravo, arrivò Alfredo Mirante, un giovane avvocato scapolo e molto attraente.

8   Poiché lavoravo già da un anno in quell'ufficio, la mia esperienza gli era molto utile, e presto diventò indispensabile per il suo lavoro.

Answer Key

1 Structures

1

1	un caffè	11	una zia
2	un'aranciata	12	un/una nipote
3	un toast	13	un fratello
4	una bibita	14	un/una dentista
5	un bicchiere di vino	15	un medico
6	una spremuta	16	un insegnante/un'insegnante
7	uno spuntino	17	uno studente
8	un aperitivo	18	uno/una psichiatra
9	una cugina	19	un professore
10	uno zio	20	una professoressa

2

1	due insegnanti	11	due bar
2	due studenti	12	due cinema
3	due corsi	13	due amiche
4	due classi	14	due case
5	due aule	15	due specchi
6	due sbagli	16	due camere
7	due giornali	17	due divani
8	due automobili	18	due studi
9	due viaggi	19	due radio
10	due ristoranti	20	due salotti

3

1	l'agenda	6	l'ombrellone
2	l'orario	7	la spiaggia
3	lo studente	8	la sedia a sdraio
4	la studentessa	9	il mare
5	il modulo	10	il costume

4

1	gli occhiali	6	gli autobus
2	i calzini	7	i vigili
3	le scarpe	8	le automobili
4	i sandali	9	i semafori
5	le calze	10	gli alberghi

5

1	la carne	6	le chiavi
2	le pesche	7	la maglia
3	l'aranciata	8	gli orologi
4	il pesce	9	le scarpe
5	gli spaghetti	10	l'automobile

6

1 Roma è una città italiana.
2 Parigi e Marsiglia sono città francesi.
3 Bonn e Heidelberg sono città tedesche.
4 Londra e Birmingham sono città inglesi.
5 New York e Washington sono città americane.
6 Stoccolma e Uppsala sono città svedesi.
7 Berna e Zurigo sono città svizzere.
8 Tokyo è una città giapponese.
9 La 'Tipo' è un'automobile italiana.
10 La 'Brava' e la 'Punto' sono automobili italiane.
11 *La Repubblica* è un giornale italiano.
12 *La Stampa* e *Il Corriere della Sera* sono giornali italiani.
13 *Oggi* è una rivista italiana.
14 *Oggi* e *Grazia* sono riviste italiane.
15 Pasolini era un regista italiano.
16 I fratelli Taviani sono registi italiani.
17 Marcello Mastroianni era un attore italiano.
18 Sofia Loren è un'attrice italiana.
19 Meryl Streep è un'attrice americana.
20 Michael Douglas è un attore americano.

7A

More than one solution possible; here are some suggestions:
1 Il cane è piccolo/stupido/intelligente/bello/brutto
2 Il portafoglio è grande/piccolo/vuoto/pieno/bello/brutto/originale
3 L'accendino è nuovo/vecchio/piccolo/costoso/economico
4 Il libro è nuovo/vecchio/interessante/originale
5 La casa è moderna/originale/tradizionale/bella/alta/noiosa
6 La bibita gassata è fresca/tiepida/costosa
7 La strada è sporca/affollata
8 La lezione è noiosa/interessante/originale
9 Lo studente è vecchio/nuovo/simpatico/antipatico
10 La stazione è grande/piccola/piena/vecchia/nuova
11 Il caffè è tiepido/caldo/freddo/costoso/economico
12 Il ristorante è pieno/costoso/piccolo/grande
13 La professoressa è intelligente/alta/bella/brutta/simpatica/antipatica
14 Il nostro insegnante è intelligente/alto/bello/brutto/simpatico/antipatico
15 La sorella di Marco è simpatica/antipatica/elegante/intelligente

7B

More than one solution possible; here are some suggestions:
1 I cani sono piccoli/stupidi/intelligenti/belli/brutti
2 I portafogli sono grandi/piccoli/vuoti/pieni/belli/brutti/originali
3 Gli accendini sono nuovi/vecchi/piccoli/costosi/economici

4 I libri sono nuovi/vecchi/interessanti/originali
5 Le case sono moderne/originali/tradizionali/belle/alte/noiose
6 Le bibite gassate sono fresche/tiepide/costose
7 Le strade sono sporche/affollate
8 Le lezioni sono noiose/interessanti/originali
9 Gli studenti sono vecchi/nuovi/simpatici/antipatici
10 Le stazioni sono grandi/piccole/piene/vecchie/nuove
11 I caffè sono tiepidi/caldi/freddi/costosi/economici
12 I ristoranti sono pieni/costosi/piccoli/grandi
13 Le professoresse sono intelligenti/alte/belle/brutte/simpatiche/antipatiche
14 I nostri insegnanti sono intelligenti/alti/belli/brutti/simpatici/antipatici
15 Le sorelle di Marco sono simpatiche/antipatiche/eleganti/intelligenti

8

1 Che bell'ingresso!
2 Che bella camera da letto!
3 Che bel divano!
4 Che bel panorama!
5 Che bello specchio!
6 Che bel giardino!
7 Che bell'albero in giardino!
8 Che belle sedie!
9 Che begli alberi!
10 Che bei bicchieri!
11 Che belle poltrone!
12 Che bei tappeti!

9

1 Che buone tagliatelle!
2 Che buona frittata!
3 Che buon vino!
4 Che buono spezzatino!
5 Che buoni dolci!

10

1 Buon divertimento!
2 Buon viaggio!
3 Buono studio!
4 Buon appetito!
5 Buone feste!
6 Buona Pasqua!

11

1 più grasso
2 meno eleganti
3 meno importante
4 meno sana
5 più difficili
6 più divertente
7 meno bello
8 più pericolose

12

These are suggestions only; other adjectives are possible:
1   La regina Elisabetta è bellissima/ricchissima.
2   Il Lake District è bellissimo/grandissimo.
3   La Rolls Royce è bellissima /costosissima.
4   Gli inglesi sono simpaticissimi/gentilissimi.
5   Oxford è bellissima/interessantissima/antichissima.
6   Gli studenti inglesi sono educatissimi/intelligentissimi.
7   Il tempo è bruttissimo/bellissimo.
8   Le patate fritte sono buonissime.
9   I tuoi compagni di classe sono simpaticissimi/stanchissimi/bruttissimi.
10 La tua insegnante è intelligentissima/bellissima/ricchissima.

13

1   I vostri bambini guardano la televisione per 8 ore al giorno.
2   Gli studenti leggono i giornali italiani con molto entusiasmo.
3   Ragazzi, cucinate voi stasera. Io sono stanca.
4   I nostri vicini di casa non puliscono mai la casa; è sporchissima.
5   Io finisco le lezioni alle 2.00 di notte.
6   Il treno da Napoli a Roma parte solo una volta alla settimana.
7   Voi bevete 4 bottiglie di whisky al giorno. Siete sempre ubriachi.
8   Io e il mio amico studiamo tutte le sere. Non abbiamo mai tempo per uscire.

14

More than one solution is possible; here are some suggestions:
Verbs with -*are*
1   Pranzo alle 12.30.
2   Lavoro in centro. Abito in periferia.
3   Mangio i fiocchi d'avena/il cereale/il pane tostato.
4   Gioco a tennis/a calcio.
5   Parlo italiano, inglese, francese.
Verbs with -*ere*
1   Leggo i quotidiani inglesi, il *Corriere della Sera* e le riviste femminili.
2   Prendo l'autobus alle 17.00.
3   Quando sono in vacanza scrivo cartoline ai miei amici.
4   No, non conosco nessun personaggio famoso.
5   Vedo il telegiornale, i film.
Verbs with -*ire*
1   La sera sento la radio.
2   Preferisco il caffè. Preferisco il vino.
3   Capisco la lezione. Capisco l'italiano.
4   Finisco la cena alle 20.30. Finisco i compiti alle 10.00 di sera.
5   Offro un caffè agli amici una volta alla settimana.

15

1   Mamma, non posso aiutarti. Domani c'è lezione d'italiano; devo fare i compiti.
2   I bambini invece non vogliono fare i compiti di francese.
3   I ragazzi inglesi non vanno a scuola il sabato; possono fare i compiti sabato.
4   Voi dovete anche mettere in ordine la vostra stanza, ragazzi.
5   Non c'è niente da mangiare in casa. Perché non andiamo a mangiare la pizza?
6   Perché non vieni anche tu stasera, Marco?
7   Marco non vuole andare alla pizzeria in Piazza Dante.
8   Carla ha un'allergia. Non può mangiare la pizza ai funghi.

16

More than one solution is possible; here are some suggestions:

1 Non vengo a casa tua perché devo andare dal dentista.
   Non posso venire a casa tua perché devo studiare.
2 Non te la presto perché non voglio.
   Non voglio prestartela perché devo ancora lavarla.
3 Non la ripara in pochi giorni perché deve riparare tante altre macchine.
   Non può ripararla in pochi giorni perché deve riparare tante altre macchine.
4 Non possiamo farli dopo cena, perché dobbiamo uscire/perché mia sorella vuole uscire.
5 Non vogliamo guardare la televisione perché vogliamo andare a letto/vogliamo ascoltare la musica.
6 Gli studenti non possono scrivere gli esercizi perché non hanno carta/perché devono ancora imparare i verbi.
7 Il Papa non può guidare l'automobile, perché non ha la patente/perché deve salutare tutti.
8 Mia madre non vuole preparare gli spaghetti ogni sera perché dice che fanno ingrassare/perché mio padre non vuole mangiarli.
9 Non possiamo mangiare i calamari spesso perché sono difficili da preparare/perché soffriamo di allergia.
10 Non li compro perché non posso capirli./No, non posso comprarli perché il mio giornalaio non li vende.

17

1 Nella classe d'italiano ci sono venti studenti. Li invitiamo tutti?
2 Piero, mi dai l'elenco dei nomi?
3 Gianna, se tieni la mia penna, vado a fare una telefonata.
4 Se volete, faccio tutto io.
5 Cosa fanno gli altri? Anche loro devono aiutare.
6 Se quelle sedie rimangono nell'altra stanza, abbiamo più spazio.
7 Volevamo un po' di musica, ma nessuno sa suonare la chitarra.
8 Paghiamo noi il vino? Poi chiediamo i soldi agli altri.
9 Intanto i costi salgono alle stelle.
10 Come sta, professor Parisi? Viene anche Lei alla festa?

18

1 Chiamami più tardi per la conferma. Sai il mio numero di telefono, vero?
2 I miei amici non sanno ancora se vengono.
3 Voi sapete dove si trova il ristorante? Allora vengo prima a casa vostra, così possiamo andare insieme.
4 Mara, mi sono persa. Non so come arrivare a casa vostra.
5 Aiuto! Io non so parcheggiare la macchina nel vostro garage.

19

Quando io ero ragazza, la vita era molto diversa. Non si potevano fare le cose che fate voi giovani oggigiorno!

Io vivevo in un piccolo paese nel sud d'Italia. Non c'erano discoteche; non c'era neanche un cinema. La sera i giovani facevano la passeggiata lungo la via principale. Ma le ragazze venivano sempre accompagnate da una zia o da un'altra parente.

Mio padre faceva l'insegnante e quindi noi conoscevamo molta gente in paese. In famiglia eravamo in cinque: mio padre, mia madre, i miei fratelli ed io. I miei fratelli potevano uscire di sera, anche non accompagnati. Io invece dovevo sempre essere accompagnata da una parente.

Anche a casa la vita era più semplice. Come tutte le famiglie italiane di quel periodo, consumavamo poca roba confezionata. Mangiavamo i prodotti sani delle nostre campagne – meno carne certamente, più frutta e verdura – e bevevamo il vino nostro fatto in casa.

20 C'era tanta confusione. Tutti gli studenti facevano la coda fuori dell'aula principale dove dovevano iscriversi. Altri avevano già finito e mangiavano alla mensa o bevevano al bar. Noi eravamo gli ultimi quel giorno, e quindi quando siamo arrivati in biblioteca per fare la tessera, era già chiusa. La mia amica aveva portato un libro e lo leggeva mentre aspettavamo.

21
1 Ti avevo detto che eravamo in un posto molto tranquillo, no?
2 Ci hanno dato una stanza che si affacciava sul mare.
3 Mia madre ha letto tantissimi libri e tantissime riviste.
4 Ho fatto tanti bagni. Il mare era stupendo.
5 Abbiamo visto un film bellissimo.
6 A proposito di ragazzi, tu hai scritto a Filippo?

22
1 Mia madre ed io non abbiamo avuto nessun problema a trovare una camera.
2 Mio padre è partito prima di noi.
3 Martedì ci siamo vestite da vere signore, con tutti i nostri gioielli, per andare ad una festa alla villa dei nostri amici milanesi!
4 Tutti si sono divertiti da matti.
5 E tu dove sei stata quest'estate?

23 In some cases, there can be more than one correct option.
1 (c) Sono passato davanti alla farmacia.
2 (a) I costi sono aumentati molto.
3 (a) Abbiamo passeggiato lungo il fiume.
4 (a) I prezzi sono saliti.
5 (a) Abbiamo vissuto insieme per trenta anni.
  (b) Abbiamo vissuto una vita tranquilla.
  (c) Siamo vissuti insieme per trenta anni.

24
1 No, ma ci andrò l'anno prossimo con mio marito.
2 No, ma lo assaggerò domani sera a casa di Daniela.
3 No, ma me li darà domani, spero, per il nostro anniversario di matrimonio.
4 No, ma verranno a Natale.
5 No, se c'è bel tempo faremo un picnic.
6 No, cercherò qualcosa in centro oggi pomeriggio.
7 A Ferragosto saremo in campagna dai miei suoceri.
8 Sì, ma mi riposerò una volta finiti gli esami.

25 You choose the day and time, but here are some suggestions:
1 No, gli telefonerò domani.
2 No, le scriverò stasera.
3 No, li farò domani.
4 No, li studierò stasera.
5 No, la riparerò questo weekend.
6 No, la laverò la settimana prossima. (*or* No, gliela laverò . . .)
7 No, la pulirò domenica.
8 No, la prenderò più tardi.

9   No, ci andrò fra una settimana.
10   No, glielo ricorderò domani.

26

1   Il bambino non dirà mai più le bugie!
2   Susy non guiderà mai più così velocemente.
3   Tu non mangerai mai più tanto cioccolato!
4   Siamo molto offesi. Non verremo mai più a casa vostra.
5   Mi sento proprio male. Non berrò mai più tanto whisky.
6   Voi non cercherete mai più i funghi!
7   Mio padre non pagherà mai più con la carta di credito.
8   I nostri amici non otterranno mai più il permesso di uscire la sera.

27

Andrei in Italia. Sceglierei un posto tranquillo al mare, forse in Sicilia o in Sardegna. Verrebbe anche il mio ragazzo. Rimarremmo per 10 giorni o forse 15. Avremmo una bella camera con bagno tutta per noi. Saremmo gli unici ospiti nell'albergo. Staremmo a letto fino alle 10.00. Di giorno il mio ragazzo farebbe tanti bagni al mare, mentre io mi abbronzerei al sole e mangerei tanti gelati. Di sera, andremmo in un ristorante romantico, vicino al mare. Mangeremmo il pesce fresco e berremmo tanto spumante.
Dopo tanto *relax*, sarei contenta di tornare al lavoro!

28

1   Farei i compiti, ma sono troppo pigro/a.
2   Verrei in chiesa con te, ma devo aiutare la mamma.
3   Lavorerei in giardino ma piove.
4   Pulirei la casa ma non ho tempo.
5   Giocherei a tennis ma non ho la racchetta.
6   Smetterei di fumare, ma divento nervosa.
7   Leggerei tutti i romanzi di Tolstoy ma li ho prestati a mia sorella.
8   Scriverei un romanzo ma non so come cominciare.
9   Berrei meno birra ma ho proprio sete.
10   Mangerei meno cioccolato ma ho fame.

29

Di solito (io) mi alzo alle 6.00. Mi lavo i denti, mi trucco, mi metto la camicetta, la maglia, e i pantaloni. Mio marito invece si alza alle 7.00. Prepara il caffè e dopo colazione si lava, si veste e si prepara per andare a lavorare. I bambini si svegliano alle 7.00 o alle 7.15, e dopo 10 minuti si alzano con grande difficoltà. Il piccolo è sempre di malumore la mattina e si arrabbia con tutti.

30

Stamattina (io) non mi sono alzata alle 6.00 come al solito, perché la sveglia non ha suonato. Non mi sono lavata i denti perché non c'era tempo. Non trovavo una camicia pulita e allora mi sono messa la maglia sporca e i pantaloni di mio figlio. Mio marito dormiva ancora e si è svegliato solo alle 8.45, furibondo perché non l'avevo svegliato. I ragazzi si sono svegliati alle 8.00 e infatti hanno perso l'autobus. Il piccolo si è arrabbiato con suo fratello perché non trovava le scarpe. È andato a scuola con i sandali.

31

1   L'anno prossimo Mario e Carla si sposeranno ad Assisi; è un bellissimo posto per fare i matrimoni.
2   Come ti sei trovato a Londra, Marco? Stai ancora facendo il corso d'inglese?
3   Le figlie dei nostri amici si sono trovate molto bene l'anno scorso, perché tutti sono stati molto gentili con loro.
4   Come sai, Teresa faceva lingue all'università; ha finito tutti gli esami e si è laureata l'anno scorso.

5   Anche Giorgio si è iscritto all'università. Se tutto va bene, si laureerà fra 4 anni.
6   E un'ultimissima notizia sulla nostra famiglia: anch'io mi preparo a cambiare lavoro!

32
1   Sta mangiando.
2   Sta bevendo.
3   Sta lavando i piatti.
4   Sta cercando il significato di una parola.
5   Sta prendendo un caffè.
6   Sta dormendo.
7   Sta ascoltando la musica.
8   Sta scrivendo una lettera./Sta scrivendo i suoi compiti.
9   Sta cucinando.
10   Sta leggendo.

33
More than one solution possible; here are some suggestions:
1   Parcheggiando la macchina in centro, ho visto un vigile.
2   Andando a scuola di corsa, Marco ha sentito la mia voce.
3   Prendendo un caffè al bar, abbiamo visto i ragazzi.
4   Arrivando alla stazione alle 11.00, i ragazzi hanno visto il treno per Milano già in partenza.
5   Sciando sulle Dolomiti, mio fratello si è rotto la gamba.

34
1   Senta, volevo parlarle un attimo.
2   Attenda un momento. Gliela passo.
3   Scusi, non ho capito.
4   Ci porti il conto, per favore.
5   Prego! Si accomodi, signor Bianchi!
6   Stia tranquilla, signora. Non c'è pericolo.
7   Mi dia il passaporto, per favore.
8   Se vuole telefonare, faccia pure. Io l'aspetto.
9   Il cinema? La seconda strada a sinistra, vada sempre diritto, ed è lì in fondo.
10   La accompagno in camera, dottoressa. Venga con me.

35
Ragazzi, fate i bravi, mi raccomando, state zitti per 5 minuti. Per favore, non mangiate i panini in classe e non bevete la Coca-Cola, per favore. Oggi impariamo i verbi inglesi più importanti come 'to do', 'to go'.
Allora, aprite i libri e leggete la pagina 6 paragrafo 10. Gianni, metti via la radiolina, per favore, ricordati che siamo in classe. Teresa, vieni qui e scrivi la risposta alla prima domanda alla lavagna.

36
1   Vuole che vada io al supermercato?
2   Viene l'idraulico. È meglio che rimaniamo noi a casa stamattina.
3   È importante che gli studenti leggano questo capitolo prima di venerdì.
4   Preferisco che voi veniate prima degli altri.
5   Mi pare che gli ospiti d'onore siano i signori Russo, i proprietari del negozio.
6   Non importa che lui faccia il cameriere in un bar.
7   Mia madre è contenta che io mi sposi con un inglese.
8   Mi dispiace che voi non possiate venire a cena stasera.

37
1 Lei pensa che per una donna sia meglio vivere in Italia o in Inghilterra?
2 Dicono che oggigiorno la gente viva in modo più frenetico.
3 Mi sembra strano che la gente ancora non abbia capito il motivo di tanto stress.
4 È essenziale che il Governo risponda subito alle esigenze dei genitori che lavorano.
5 Nonostante che abbiano più scelte sul campo di lavoro, le donne manager sono ancora una minoranza.
6 È meglio che tutti lavorino secondo le loro capacità e non secondo le regole imposte dai politici.
7 Le donne sono contente che qualcuno finalmente si sia ricordato di loro.
8 È probabile che i datori di lavoro debbano essere più flessibili nel futuro.

38
1 Venti anni fa noi giovani credevamo che i nostri genitori non sapessero niente.
2 Oggigiorno solo una piccola percentuale pensa che sia un peccato vivere insieme senza essere sposati.
3 Venti anni fa le donne speravano che i mariti dessero una mano in casa.
4 Oggigiorno gli insegnanti pensano che i giovani siano tutti maleducati.
5 Secondo i nostri genitori, era importante che le donne rimanessero a casa con i figli.
6 Negli anni '60, si diceva che gli americani stessero bene.
7 Pareva che gli italiani avessero sempre dei problemi politici da risolvere.
8 Si spera che qualcuno possa risolvere subito la crisi.

39
1 Che stupida che sono, pensavo che fossero naturali.
2 Oh scusa, pensavo che tu l'avessi già fatta.
3 Va bene, ma pensavo che lui lo sapesse.
4 Oh scusa, ero convinta che tu ne avessi mangiato almeno qualcuno.
5 Oh scusa, immaginavo che ne avessimo/che ci fosse almeno mezzo litro in frigo.
6 Oh, pensavo che fossero sposati.
7 Scusa, pensavo che ormai tutto il fumo fosse andato via.
8 Oh, pensavo che loro bevessero la birra.
9 Va bene, ma non mi sembrava che facesse tanto freddo.
10 Oh no! Pensavo che tu avessi già spento il forno.

40
1 La porta va chiusa sempre con tutte e due le chiavi.
2 Se vi interessa, il telegiornale viene trasmesso alle 9.00 tutte le sere.
3 Le coperte di lana sono/vengono fatte ancora a Witney, a due passi da qui.
4 In Inghilterra le automobili sono/vengono lavate ogni domenica.
5 Se vi invitano a prendere un drink alle 6.00, ricordatevi che la cena è/viene servita alle 8.00 e che gli ospiti sono/vengono mandati via dopo 2 ore.

41
1 Anch'io studio lingue.
2 Neanche loro suonano la chitarra.
3 Anche lei va in vacanza in agosto.
4 Anch'io vado al mare.
5 Neanche lui sa nuotare.
6 Neanch'io riesco a dimagrire.
7 Anche loro mangiano alla mensa.
8 Anche loro possono lavorare a tempo pieno.
9 Anche noi abitiamo in centro.
10 Anche noi scendiamo alla prossima fermata.

42

1   No, li farò domani.
2   No, l'assaggerò più tardi.
3   No, la berrò più tardi.
4   No, lo pulirò domani.
5   No, lo aiuterò più tardi.
6   No, la metterò in ordine domani mattina.
7   No, le cambierò stasera prima di andare a letto.
8   No, li taglierò dopo questo programma.

43

1   No, li abbiamo già fatti.
2   No, le ho scritte ieri sera.
3   No, l'ho pagata ieri.
4   L'ho già chiamato cinque minuti fa.
5   L'ho pulita stamattina.

44

1   No, gli do una copia.
2   No, gli presto la Fiat Tipo.
3   No, le presto la camicia di cotone.
4   No, Le mando il catalogo di quest'anno.
5   No, ti telefono dopo cena.

45

1   No, gli ho telefonato ieri.
2   No, le ho già prestato le scarpe.
3   No, vi abbiamo già offerto un caffè.
4   Sì, le ho già parlato due ore fa.
5   No, gli ho raccontato solo una parte/gliene ho raccontata solo una parte.
6   No, le abbiamo dato un assegno.
7   No, vi ho già dato 20.000 lire per la discoteca.
8   Ma ti ho appena regalato una collana di perle!

46

1   Certo, gliela passo subito.
2   Sì, glieli regalo sempre per la festa delle mamme.
3   Ce li preparano solo due giorni alla settimana.
4   Sì, ve le mandiamo appena saranno pronte.
5   Sì, me li lava sempre.
6   No, non te la presto più.
7   Te lo pago io, se vuoi.
8   Te lo presento subito, ma è sposato!
9   Me li corregge mio fratello.
10 La nonna glieli compra. (Glieli compra la nonna.)

47

1   Gliel'ho comprato stamattina.
2   Ve l'ho offerto già tre volte.
3   Te le ho già fatte vedere la settimana scorsa.
4   Me le ha già stirate stamattina.
5   Gliele abbiamo già cambiate domenica.

48

1   No, a me non piace il vino.
2   No, a noi non piacciono le fettuccine.
3   No, a lei piacciono gli spaghetti al pomodoro.

4   No, a loro piacciono solo le pere.

5   No, a me piace solo il formaggio dolce.

49

1   Ci rimango fino a giovedì.

2   Ne prendo un cucchiaino, grazie.

3   Ne sono rimasti due-tre.

4   No, non ci vado, devo studiare.

5   Ce ne vogliono sei.

50

1   Gli studenti che vogliono partecipare alla gita devono comprare un biglietto.

2   Come si chiama la studentessa a cui/alla quale hanno dato la borsa di studio?

3   Gianna è la figlia del professore che/la quale si è sposata con un tedesco.

4   Il film che abbiamo visto ieri era un film americano degli anni Sessanta.

5   Il regista era Polanski i cui film hanno avuto molto successo durante quel periodo.

6   Tutti i libri che leggiamo sono difficili.

7   I motivi per cui/per i quali gli studenti vengono bocciati sono tanti.

8   L'ambiente in cui/nel quale si lavora è importante.

51

1   Qual è la tua data di nascita?

2   Chi è quel bell'uomo?

3   Cosa vuoi bere?/Che cosa vuoi bere?

4   Che tipo di film preferisci?

5   A che ora torni a casa?

6   Quante tazze di caffè bevi al giorno?

52

1   Sembra lungo questo viaggio. A che ora arriva l'aereo?

2   Quali sono le città che deve visitare in Italia?

3   Chi è quell'attore americano sul giornale di oggi?

4   Di dov'è Lei?

5   Qual è la Sua città d'origine?

53

La mia famiglia è composta di quattro persone. Mio marito si chiama Alfredo. I miei figli si chiamano Massimiliano e Sabrina. La mia casa si trova in campagna. Il mio giardino è grande e disordinato. Il mio gatto si chiama Micio.

54

1   La nostra classe è composta di studenti di tutte le nazionalità.

2   Il nostro insegnante è molto intelligente e simpatico.

3   La nostra scuola è molto bella. I nostri libri sono tutti interessanti.

4   Lo studente più intelligente è John. I suoi compiti sono brillanti.

5   Lo studente più elegante è Joe. Le sue camicie sono stupende.

6   La studentessa più bella è Sally. La sua lingua preferita è l'italiano.

55

1   Quel vestito è troppo corto.

2   Quelle scarpe sono proprio brutte.

3   Quegli specchi sono molto eleganti.

4   Quell'orologio non funziona.

5   Quel ragazzo è un amico di Carlo.

6   Quegli occhiali sono originali.

7   Quei bicchieri sono di cristallo.

8   Quello studente è poco intelligente.

9   Quella studentessa è bravissima.

10 Quella moquette non è molto pulita.

56
1 In effetti tutti sapevano che Gianfranco aveva l'AIDS.
2 Tutti gli amici di Gianfranco sono venuti ai funerali.
3 Ognuno di loro l'aveva già salutato negli ultimi giorni.
4 Alcuni dicevano che fosse malato da più di 2 anni.
5 È venuta una certa dottoressa Parisi che l'aveva curato alla clinica di Torino.
6 Dopo i funerali, siamo andati a casa dei genitori di Gianfranco e abbiamo preso qualcosa da bere.

57
1 Oggi viene mio fratello da Londra. Lo vedrò stasera.
2 Stamattina devo organizzare le vacanze in Italia.
3 Alla 11.00 vado a casa di Clara in bicicletta.
4 A mezzogiorno mangiamo alla mensa.
5 Oggi pomeriggio devo andare dal/dalla dentista.
6 Devo andare anche dalla professoressa.
7 Stasera vado con mio fratello e con Anna a mangiare alla/in pizzeria.
8 Vado da Anna alle sette.
9 Se preferite, potremmo mangiare al/in ristorante.
10 Prima di cena andiamo al cinema a/per vedere un film.

58
1 I libri si mettono sullo scaffale.
2 I vestiti si mettono nell'armadio.
3 Il burro si conserva nel frigorifero.
4 Il caffè si beve nella tazzina/al bar.
5 La carne si compra dal macellaio.
6 Il pane si compra al panificio.
7 I libri si comprano alla libreria.
8 I libri si leggono nella/in biblioteca.
9 I giapponesi vengono dal Giappone.
10 Gli inglesi vengono dall'Inghilterra.
11 I fiori sono nel vaso.
12 Il televisore è nel salotto.
13 Facciamo un picnic nel bosco.
14 Studio l'italiano all'università.
15 Dormo nel letto.

59
1 Ho deciso di rimanere a casa.
2 Non ho ancora cominciato a scrivere i compiti.
3 I ragazzi hanno finito di mangiare.
4 Non riesco a imparare questi verbi.
5 Perché non andiamo a prendere un caffè?
6 Gli uomini preferiscono guardare la partita di calcio.
7 Non è facile mantenersi in forma.
8 Lui spera di andare all'università.
9 Faresti meglio a stare zitta.
10 Dobbiamo imparare a cucinare.

60
1 Affinché possiamo capire i problemi del terzo mondo, è necessario avere delle informazioni aggiornate.
2 Benché ormai fosse tardi, abbiamo provato a telefonargli.

3 Giulia aveva fretta; doveva preparare il pranzo prima che tornasse suo marito.
4 Nonostante che abbia più di 80 anni, quello studente è ancora molto in gamba.
5 Aspettiamo finché arrivi mio fratello?
6 Era essenziale la presenza di un interprete perché l'autista potesse spiegare quello che era successo.
7 Abbiamo dimenticato di timbrare il biglietto. Cerchiamo di scendere senza che il controllore ce lo chieda.
8 La guerra continuerà a meno che l'ONU non intervenga.

2 Functions

61

MG: Buongiorno, io sono Mark Green, lo stagista da Oxford Brookes University. C'è il dottor Furlan?

FB: Mi dispiace, il dottor Furlan non è in ufficio in questo momento. Io sono la sua assistente. Mi chiamo Francesca Baldini.

MG: Piacere.

FB: Bene, Mark. Adesso che siamo colleghi, diamoci del tu. Vieni, ti presento gli altri colleghi del Ramo Aviazione. Questo è Antonio. E questi sono Bruna e Nando. Ragazzi, questo è Mark, il nuovo stagista.

ALL: Piacere, Mark. Di dove sei?

MG: Sono inglese, di Londra. Voi siete tutti di Trieste?

NS: No, io sono triestino ma Antonio e Bruna sono milanesi.

FB: E io sono veneziana. Mio marito è genovese e i nostri figli sono genovesi di nascita ma triestini di adozione.

62

1 Ciao
2 Salve!
3 Buongiorno
4 Buona sera

63

Pronto. Buongiorno. Posso parlare con Alfredo?
Sì, certo. Chi parla?
Sono Donatella.
Va bene. Lo chiamo subito. Aspetti un momento.
Grazie.

64

1 Auguri!
2 Condoglianze!
3 Complimenti!
4 In bocca al lupo!
5 Buon appetito!
6 Permesso!
7 Mi scusi, chiedo scusa.
8 Grazie.
9 Senta, scusi.
10 Accomodatevi.

65

CP: Buongiorno. Una Coca-Cola e un panino, per favore.

CASS: Sono 8000 lire.

CP: Grazie.

CP: Una Coca-Cola e un panino, per favore.

BAR: Mi dà lo scontrino, per favore?

CP: Sì, eccolo.

BAR: Che panino vuole, signorina? Vuole il prosciutto crudo o la mozzarella con pomodoro?

CP: Ehm . . . il prosciutto crudo, grazie.

BAR: Ecco il panino. Ed ecco la Coca-Cola. Vuole un po' di ghiaccio?

CP: No, va bene così, grazie.

66

1   Il 1981 era un anno importante per noi.
2   Faccio l'insegnante.
3   Sono insegnante.
4   L'Italia è famosa per i suoi monumenti.
5. Le mie sorelle sono più magre di me.
6   Mia sorella è più bella di me.
7   Qual è il Suo cognome?
8   Esistono i fantasmi o no?

67

Carissima Laura,

Eccoci al Camping Nessuno, Palinuro. La roulotte è molto piccola e il campeggio è pieno di gente, ma il mare è meraviglioso e gli altri villeggianti sono simpatici. Come sai i miei fratelli sono alti ma per fortuna i letti della roulotte sono abbastanza grandi e comodi.

A presto
Daniela

68

Cara signora Giuliani,

Vado in ufficio. Ho comprato quasi tutto, mancano i pomodori (non erano buoni) e i peperoni rossi (c'erano solo quelli verdi). Alla salumeria non c'era il prosciutto di Parma, ma ho preso tutte le altre cose che Lei voleva, cioè delle melanzane, delle zucchine, degli spinaci, dei carciofi, degli asparagi, dell'insalata, della fontina, del parmigiano, dello yogurt.

A più tardi
Jonathan

69

1   si svolge
2   capitato/successo
3   esistono/ci sono
4   si è verificato
5   è disponibile
6   occupata
7   Mancano i soldi./Sono finiti i soldi.

70

1   non c'è/non è disponibile
2   è disponibile
3   è rimasto/c'è
4   liberi/disponibili
5   si è verificato/è successo/è accaduto
6   era (mai) capitata/successa/accaduta
7   partecipano
8   è (mai) capitato/successo

Answer key

71

1 alcune volte
2 alcuni fiori
3 alcuni treni
4 alcune automobili
5 qualche ministro
6 qualche donna
7 qualche giornale
8 qualche giovane

72

1 ogni domenica/tutte le domeniche/la domenica
2 stasera
3 ogni volta/tutte le volte
4 ogni anno/tutti gli anni
5 questo mese
6 quest'anno

73

The answers are given in the **Lei** form of address; the **tu** form is given in brackets, since this form is often used amongst young people of similar age, even when meeting for the first time.

1 Qual è la Sua valigia? (Qual è la tua valigia?)
2 Di dove è Lei? (Di dove sei?)
3 Dove abita? (Dove abiti?)
4 Perché è in Italia? (Perché sei in Italia?)
5 Quando è arrivato? (Quando sei arrivato?)
6 Quanto si ferma? (Quanto ti fermi?)
7 Com'è arrivato? (Come sei arrivato?) *or*
  Com'è venuto? (Come sei venuto?)
8 Quante ore sono da Londra a Milano in aereo?
9 Chi è il Primo Ministro della Gran Bretagna adesso?
10 Cosa mangiano gli inglesi al posto della pasta?

74

1 Come si chiamano gli studenti inglesi?
2 Perché sono venuti in Italia?
3 Dove studiano?
4 Cosa studiano?
5 Quando sono arrivati?
6 Quanto tempo si fermano?
7 Come vanno al lavoro Camilla e Jonathan?
8 Cosa gli piace in Italia?
9 A chi scrivono?
10 Cosa fanno durante il tempo libero/il weekend?

75

1 Non vado da nessuna parte.
2 Non so. Non ho ancora avuto tempo di leggerlo.
3 Non ho parlato con nessuno.
4 No, non ci vado più.
5 Non ho fame. Non voglio né l'una né l'altra.
6 Neanch'io. Restiamo a casa?
7 Non so. Non l'ho mai vista.
8 No, è brutto. Non mi piace affatto (non mi piace per niente).

9   Beh, a scuola studia molto, ma a casa non fa mai niente.

10   Non le ho comprato niente. No ho avuto proprio tempo.

76 — Note that there are several ways of doing this; the order can be changed, according to the emphasis:

1   A chi piacciono le vongole?
     A Franco piacciono le vongole, ma ad Anna no.
     Le vongole piacciono a Franco ma non ad Anna.

2   A chi piacciono gli spaghetti?
     Gli spaghetti piacciono a tutti ma non a Franco.
     Gli spaghetti piacciono a tutti tranne che a Franco.
     Gli spaghetti piacciono a tutti eccetto che a Franco.

3   A chi piace la frutta?
     La frutta piace a tutti.

4   A chi piace il latte?
     Il latte piace a Franco e a Daniela ma non ad Anna o ad Alessandro.

5   A chi piace il caffè?
     Il caffè piace ad Anna e a Franco, ma non piace a Daniela o ad Alessandro.

6   A chi piacciono i biscotti?
     I biscotti non piacciono ad Anna o a Daniela ma piacciono a Franco e ad Alessandro.

77 — 1   A chi piace suonare la chitarra?
     A Carla piace molto suonare la chitarra. A Walter piace moltissimo suonare la chitarra. A Luciano e a Marina non piace per niente.

2   A chi piace giocare a tennis?
     A Walter piace molto giocare a tennis, a Marina piace moltissimo, a Luciano piace solo un po', ma a Carla non piace per niente.

3   A chi piace andare in discoteca?
     A Walter non piace affatto andare in discoteca, neanche a Luciano. A Marina piace molto andare in discoteca e a Carla piace moltissimo.

4   A chi piace guardare la televisione?
     A Carla piace molto guardare la televisione, a Luciano e a Walter piace un po', ma a Marina non piace per niente.

5   A chi piace leggere i libri?
     Non piace quasi a nessuno leggere i libri. Piace solo a Luciano leggere i libri.

6   A chi piace uscire con gli amici?
     A Carla piace moltissimo uscire con gli amici, a Luciano e a Marina piace un po' e a Walter piace molto.

Some other possible answers might include the verb **preferire**:

A Marina non piace per niente leggere i libri, preferisce uscire con gli amici. Le piace moltissimo giocare a tennis, ma non le piace guardare la televisione.

78 — Where an emphatic form of pronoun is possible, this is given in brackets.

1   Non mi piacciono i frutti di mare.

2   Io piaccio ad Antonio.
     (A more natural way of saying this would be: Antonio mi vuole bene.)

3   Ad alcuni uomini non piacciono i film romantici.

4   Ad alcune donne non piacciono le partite di calcio.

5   Mio figlio piace alle ragazze.

6   Le ragazze piacciono a mio figlio.
7   Ti piace giocare a tennis? (A te piace giocare a tennis?)
8   Agli studenti piace fare gli esercizi di grammatica?
9   Ti piace? (A te piace?)
10 Le piaci? (Tu le piaci? emphasising *you*)
    (Piaci a lei? emphasising *her*)

79
1   Sono più ricco di lui.
2   C'erano più ragazze che ragazzi.
3   Questa casa è più vecchia di quella.
4   C'erano più di venti persone.
5   Era più stanco di me.
6   Era più stanco che malato.
7   Sono più felice a casa che a scuola.
8   La carne costa meno qui al mare che in città.
9   È più difficile ricevere che dare.
10 La sua casa è più grande che comoda.

80
1   Per me il caffè è più buono del tè.
2   Per me l'autobus è più economico del treno.
3   Per me la casetta è più caratteristica dell'appartamento.
4   Per me la maglia è più calda della maglietta.
5   Per me gli italiani sono più estroversi degli inglesi.
6   Per me è più veloce fare una doccia che fare un bagno.
or Per me fare una doccia è più veloce che fare un bagno.
7   Per me è più divertente guardare la TV che studiare i verbi.
or Per me guardare la TV è più divertente che studiare i verbi.
8   Per me il vino è più forte della birra.
9   Per me viaggiare in aereo è più comodo che viaggiare in treno.
10 Per me la torre Eiffel è più grande della torre di Pisa.
11 Per me il ferro è più pesante del legno.
12 Per me è più bello andare in discoteca che rimanere a casa.

81
1   Per me il tè è meno buono del caffè.
2   Per me il treno è meno economico dell'autobus.
3   Per me l'appartamento è meno caratteristico della casetta.
4   Per me la maglietta è meno calda della maglia.
5   Per me gli inglesi sono meno estroversi degli italiani.
6   Per me è meno veloce fare un bagno che fare una doccia.
7   Per me è meno divertente studiare i verbi che guardare la TV.
8   Per me la birra è meno forte del vino.
9   Per me viaggiare in treno è meno comodo che viaggiare in aereo.
10 Per me la torre di Pisa è meno grande della torre Eiffel.
11 Per me il legno è meno pesante del ferro.
12 Per me è meno bello rimanere a casa che andare in discoteca.

82
1   Hai fatto tu questo dolce? È ottimo!
2   Giovanni è maggiore (più grande) di Teresa; lui ha 14 anni e lei 10.
3   Non chiedere a me! Non ho la minima idea.

4 I vini italiani sono migliori di quelli francesi.
5 L'aspetto peggiore del suo carattere è la mancanza di impegno.

83

1 È quella sull'angolo.
2 Sono quelle nere con il tacco alto.
3 È quello alto, bruno, capelli lunghi, che parla con Francesco.
4 Sono quelli a sinistra, dietro le scarpe bianche.
5 Sono quelle appese in cucina.

84

1 Il Papa scendeva le scale faticosamente.
2 I ragazzi correvano precipitosamente. Non guardavano dove andavano.
3 Il preside era nervoso; tossiva in continuazione involontariamente.
4 Probabilmente avranno già prenotato l'albergo.
5 Com'è possibile? Il nostro collega è nuovamente malato.
6 La macchina è sbucata all'improvviso da una strada trasversale.
7 Sua moglie è morta di recente.
8 Il capo era fiero in modo particolare della sua nuova invenzione.
9 Il congresso era senza dubbio l'avvenimento più importante dell'anno scolastico.

85

1 Non abbiamo mai dovuto insistere molto. Nostra figlia mangiava la carne per scelta.
2 Adesso che abbiamo perso il treno, dobbiamo prendere il pullman per forza.
3 Non l'ho vista uscire. È scappata via di nascosto.
4 L'impiegato ci ha trovato l'albergo; è una persona molto disponibile che aiuta tutti volentieri.
5 Non andare così forte. Andrai a sbattere contro il muro.
6 Per mantenersi in forma, non basta andare in palestra una volta al mese; bisogna andarci regolarmente.
7 Preferisco non andare alla festa da sola. Perché non ci andiamo tutti insieme?

86

1 La guardia resta in piedi tutta la giornata davanti a Buckingham Palace.
2 Dalla mia camera vedevo l'isola di Arran; era proprio di fronte.
3 Quando si viaggia è comodo avere la carta di credito; la si accetta dovunque.
4 La casa è molto grande: ci sono due piani, una grande soffitta sopra e una cantina sotto.
5 Mia zia non vuole i gatti in casa; li manda sempre fuori.

87

1 Si sono conosciuti quando lei studiava in Inghilterra.
2 L'ho visto mentre andavo in banca.
3 È arrivato quando/mentre tu eri nel bagno.
4 È successo quando/mentre eravamo in vacanza.
5 L'abbiamo mangiato mentre voi facevate il bagno.
6 Le abbiamo scritte mentre i bambini si riposavano.
Note: the subject pronoun (**io**, **tu**, etc.) is only needed when you want to contrast what different people were doing at a particular time.

88

1 perché avevo fame.
2 perché era pigra.
3 perché aspettavo mio fratello.
4 perché non sapeva dov'ero.
5 perché non era abituato ai liquori e di solito beveva poco.

89

Sono veramente fortunata perché quest'anno il mio compleanno è sabato, quindi dormirò fino a tardi. Mi alzerò solo alle 9.00, poi farò colazione con caffè, brioche e biscotti. Dopo, farò la doccia e mi metterò la maglia e i pantaloni nuovi che mia madre mi avrà comprato, spero.

Alle 10.00 verrà il mio ragazzo Andy a prendermi e insieme andremo in macchina fino al centro, dove faremo degli acquisti e compreremo un regalo di nozze per dei nostri amici che si sposeranno ad aprile.

Se avremo finito per l'una, mangeremo al nuovo ristorante francese vicino al fiume. Dopo pranzo, siccome sicuramente avremo mangiato troppo, ci vorrà una passeggiata lungo il fiume per digerire.

La sera invece verranno i nostri amici e ascolteremo la musica e berremo qualche bottiglia di vino.

90

Ogni settimana finiamo di lavorare il venerdì, mettiamo tutta la nostra roba in macchina e andiamo alla nostra casetta in montagna, nel paese di Campitello. Alcuni amici pensano che siamo pazzi, altri ci invidiano.

Qualche volta c'è molto traffico e ci mettiamo alcune ore ad arrivare. Qualche volta, invece, non c'è tanto traffico e arriviamo in poco tempo. Ognuno porta dentro qualcosa, anche i bambini, così facciamo presto a sistemare le nostre cose. Portiamo solo una borsa ciascuno, perché non c'è tanto/molto spazio in macchina.

Prima di tutto, facciamo i letti per i bambini e per noi. Se viene qualcuno dei nostri amici, prepariamo anche la camera degli ospiti. Chiunque venga, non cuciniamo niente di speciale, ma solo piatti facili da preparare. Va bene qualsiasi cosa perché siamo tutti stanchi e affamati.

Qualunque sia il motivo, appena arriviamo in montagna, ci sentiamo subito rilassati e tranquilli . . . sembra di essere davvero a casa nostra!

91

Although other solutions may be possible, the following are the ones which sound most acceptable to a native speaker:

1   Mi hanno dato molti cioccolatini alla fine dell'anno scolastico.
    Mi sono stati dati molti cioccolatini alla fine dell'anno scolastico.
2   Povero mio collega! Gli hanno dato una brutta notizia stamattina.
    Povero mio collega! Gli è stata data una brutta notizia stamattina.
    Povero mio collega! Gli si è data una brutta notizia stamattina.
3   Questi appartamenti verranno venduti dopo Natale.
    Questi appartamenti saranno venduti dopo Natale.
    Si venderanno questi appartamenti dopo Natale.
    Venderanno questi appartamenti dopo Natale.
4   Nella relazione si diceva che il preside avesse troppo controllo sul curriculum scolastico.
    Nella relazione dicevano che il preside avesse troppo controllo sul curriculum scolastico.
5   Giancarlo veniva considerato uno degli studenti più bravi della scuola.
    Giancarlo era considerato uno degli studenti più bravi della scuola.

92
1 Venerdì sera il nostro cane Lucky è stato investito da una macchina.
2 Sabato sera la cena ci è stata preparata da mio figlio per la prima volta.
3 Prima i ragazzi venivano svegliati da mio marito ogni domenica alle 10.00, ma adesso li lascia dormire.
4 Lunedì parto per Milano. Sarò accompagnata all'aeroporto dalla mia amica.
5 Venerdì il fax era stato mandato da me alla mia collega di Milano per confermare l'appuntamento.

93
1 Guardate la televisione!
2 Metti(ti) una maglia!/(Si) metta una maglia!
3 Bevi qualcosa!/Beva qualcosa!
4 Andate a letto!
5 Metti(ti) gli occhiali!/(Si) metta gli occhiali!
6 Chiedete all'insegnante!

94
(Where it is possible to use a pronoun instead of repeating the noun, we have shown this solution as well.)
1 E allora, non comprare i gelati./E allora, non comprarli. (**tu** form)
   E allora, non compri i gelati./E allora, non li compri. (**Lei** form)
2 E allora, non farlo. (**tu** form)
   E allora, non lo faccia. (**Lei** form)
3 E allora, non andate al cinema./Allora non andateci.
4 E allora, non essere cattiva con lei.
5 E allora, non venite.
6 E allora, non fate tardi.

95
1 Non abbia paura, signora. Il temporale passa subito.
2 Giorgio, non essere così stupido, fai cadere tutto.
3 L'aspettiamo a cena stasera, Dottor Maroni. Venga alle 8.00.
4 Signora, faccia presto. Il treno sta per partire.
5 Buon giorno, signora Canepa. Dica! Cosa le do oggi?

96
1 Ho detto alla segretaria di mandare un fax.
2 Ho ordinato ai miei figli di andare a letto presto.
3 Ho chiesto al medico di darmi la ricetta medica.
4 Ho invitato i nostri amici a venire in vacanza con noi.
5 Ho detto al capo di controllare i documenti.
6 Ho pregato mio marito di passare un po' di tempo con i bambini.
7 Ho convinto il commesso a farmi un piccolo sconto.
8 Ho ordinato agli impiegati di lavorare di più.
9 L'ho persuaso ad accompagnarmi all'aeroporto.
10 L'ho obbligata a restituirmi le chiavi.

97
1 Il capo vuole che i dipendenti prendano un giorno di riposo una volta al mese.
2 Il presidente desiderava che le elezioni si facessero entro 6 mesi.
3 L'agenzia voleva che l'appartamento fosse affittato a clienti stranieri.
4 Il lettore chiedeva che la scuola gli riconoscesse gli anni di servizio all'estero.

Answer key

98

1 Il medico gli ha fatto fare una cura dimagrante.
2 Suo marito le fa fare quello che vuole lui.
3 La mamma fa riposare i bambini il pomeriggio.
4 Volevano far vendere a Berlusconi le reti televisive.

99

1 Le dispiace se apro la finestra?
2 Sai nuotare?
3 Posso portarti a cena?
4 Mi passa il pepe?/Mi potrebbe passare il pepe?
5 Lui non è in grado di scrivere un italiano corretto.
6 Mi potrebbe prestare 10.000 lire?

100

1 Ho bisogno di fare una doccia.
2 Non c'è bisogno di arrabbiarsi.
3 Non c'è bisogno che i bambini si alzino presto.
   Non è necessario che i bambini si alzino presto.
4 Per telefonare in Inghilterra, occorrono come minimo 20 monete da 200 lire. (Per telefonare in Inghilterra, ci vogliono come minimo 20 monete da 200 lire.) È meglio comprare una scheda telefonica.
5 Ti serve ancora il mio dizionario?
   Hai ancora bisogno del mio dizionario?
6 Non è necessario che tu mi accompagni.
   Non c'è bisogno che tu mi accompagni.

101

1 Per fare gli spaghetti alla carbonara, occorrono 6 uova e 200 grammi di pancetta.
   Per fare gli spaghetti alla carbonara, ci vogliono 6 uova e 200 grammi di pancetta.
2 Adesso che ho finito il corso di lingua, non mi serve più il dizionario inglese.
   Adesso che ho finito il corso di lingua, non ho più bisogno del dizionario inglese.
3 Ieri notte sono andata a letto alle 4.00. Ho bisogno di dormire.
4 Lei è molto gentile, ma non c'è bisogno di stirare la mia camicia.
   Lei è molto gentile, ma non è necessario stirare la mia camicia.

102

1 Ho suggerito al mio collega di riscrivere la lettera.
2 Ho consigliato ai miei figli di chiudere bene la bicicletta.
3 Ho proposto alle mie amiche di fare una gita in campagna.
4 Ho raccomandato agli studenti di impegnarsi di più.

103

1 Mi dispiace che suo figlio non si trovi (si sia trovato) bene a Oxford.
2 Mi dispiace che tu non possa (sia potuto) venire con noi.
3 Peccato che gli altri passeggeri siano così antipatici.
4 Sono contenta che tu abbia deciso di iscriverti all'università.
5 Ci fa piacere che i nostri amici vengano a trovarci a Oxford.
6 Mi meraviglio che gli studenti abbiano tanti debiti.
7 Gli secca che sua madre non lo faccia uscire quando vuole.
8 Dubita che il capo gli dia un aumento di stipendio.
9 Mi rincresce che tu stia (sia stato) male.
10 Ci dispiace che tu ci dica (abbia detto) tante bugie.

104
1 Ho paura che la benzina non basti.
2 Temo che non ce la facciamo adesso ad arrivare in tempo.
3 Ci auguriamo che voi vi siate divertiti al mare.
4 Dubito che il treno arrivi in tempo.
5 Mi auguro che lui sia il candidato più adatto.
6 Mio marito spera che gli diano un aumento di stipendio.
7 Mia moglie sperava che le dessero un aumento di stipendio.

105
1 Luisa non si fidava molto dei giornalisti. Per lei la storia dell'amante della principessa era una pura invenzione.
2 Secondo te quindi, non esistono i fantasmi?
3 Marco non era d'accordo. Secondo lui/per lui si poteva prendere una strada più corta.
4 Secondo me/per me Selva è il posto migliore per lo sci.
5 I miei amici invece vanno sempre a Courmayeur. Secondo loro è il posto di sci ideale.
6 Secondo noi gli studenti dovrebbero fare delle traduzioni.
7 Secondo voi il tempo è migliore a settembre o ad ottobre?
8 Secondo me questo temporale non durerà molto.

106
1 No, mi sembra che si sia trasferito a Milano.
2 Impossibile. Io credo che ne abbia soltanto 15!
3 Sono ottimista. Credo che siano andati bene.
4 Cinque anni fa si diceva che fosse la Grecia; adesso invece pare che sia il Belgio.
5 Sì, mi piace il pesce spada, perché mi sembra che rimanga saporito anche quando è surgelato.
6 L'insegnante crede che verranno (vengano) tutti promossi quest'anno.
7 Veramente pensavo che facesse più caldo.
8 Perché gli sembrava che Adriano bevesse troppo.

107
1 Penso che il film finirà alle 10.00. (most natural solution)
   Penso che il film finisca alle 10.00. (more formal context or expressing doubt)
2 Mi pare che mio figlio rimanga 10 giorni a Londra.
3 Mi sembra che i gemelli abbiano 10 anni.
4 Sono certa che dopo gli esami gli studenti vogliono festeggiare.
   Sono certa che dopo gli esami gli studenti vorranno festeggiare.
5 Penso che faccia l'ingegnere.
6 Non sono convinta che loro sappiano la verità.
7 Sono sicura che questa è la soluzione giusta.
8 Sono convinta che non serve a niente protestare.

108
1 Mi sono dimenticata/Ho dimenticato di portare il vino.
2 Conosco quel ragazzo, ma non mi ricordo come si chiama.
   Conosco quel ragazzo, ma non so come si chiama.
3 I ragazzi si sono nascosti e i genitori non sanno dove cercarli.
4 Vai alla festa stasera? Non so, sono incerta se andarci o no.
5 Mio marito non era certo che l'idraulico sarebbe venuto.
   (Mio marito non era certo se l'idraulico sarebbe venuto.)

109
Sono contenta che vi siate trovati bene in Italia. Vi avevo detto che vi sareste divertiti. Grazie di tutte le cartoline. Ma pensate veramente che l'Italia sia più cara adesso? È vero che negli ultimi anni i prezzi sono saliti un po', ma dipende anche dal cambio.

Non sapevo che venisse anche Giancarlo . . .! Lui non mi ha mai detto che gli piaceva camminare. Non mi sembrava che lui fosse un tipo molto sportivo, né mi sarei aspettata che facesse delle camminate di 20 km! E dire che quando siamo andati al mare l'anno scorso, lui preferiva che noleggiassimo una macchina per non dover andare al mare a piedi!

Quindi avete trovato anche un bell'albergo? Complimenti! Si dice che di solito sia difficile trovare un posto nelle Dolomiti in alta stagione. Anche voi temevate che i posti in albergo fossero tutti esauriti, no?

Anche noi vorremmo fare una vacanza attiva, ma non nel mese di agosto. Sarebbe meglio che scegliessimo un periodo più tranquillo.

Intanto aspettiamo di sentire i vostri racconti e di vedere le vostre foto . . .

Grazie ancora delle cartoline. A presto!

Con affetto

Marzia

110

(Alternative suggestions are supplied in brackets)

Jonathan ha chiesto agli altri ragazzi (ha chiesto ai ragazzi) come andava (come andavano le cose) e se si trovavano bene. Mark ha risposto che lavorava tanto ma che il lavoro era molto interessante. Stava imparando moltissimo.

Laura ha detto che anche a lei piaceva il suo lavoro ma si sentiva un po' sola. Non c'erano molti giovani nel suo ufficio. In realtà non c'era nessuno, praticamente.

Camilla ha detto invece che a Udine era proprio l'opposto. In albergo erano sempre circondati da gente: clienti, colleghi 'front office', per non parlare di tutti i camerieri. Quell'albergo era il più grande albergo di Udine.

Mark ha detto che Camilla era stata fortunata a trovare un posto lì. Ha chiesto a Camilla chi gliel'aveva trovato (chi glielo avesse trovato).

Camilla ha risposto che suo zio era molto amico del proprietario. Aveva chiesto lui se lei poteva lavorare lì. Le davano un milione al mese come contributo alle spese.

Laura è rimasta molto stupita. Ha commentato che quello era un vero stipendio e che a lei non davano niente. Le avevano trovato però un posto in un appartamento vicino all'università con altri studenti.

Laura ha chiesto a Jonathan come si trovava a Savona. Jonathan ha risposto che quello era il periodo più difficile, perché tutti stavano prenotando le vacanze, per cui c'era molto da fare. Comunque Wilma era gentilissima, lo aiutava molto. Lui avrebbe voluto rimanere ancora più tempo per capire tutto ma non sapeva se lo volevano.

111

1   Se non parli più forte, è probabile che gli studenti non ti sentano.
2   È difficile che la direttrice risponda subito alla tua lettera.
3   È impossibile che loro non abbiano ancora finito. Gli altri sono già usciti.
4   Non era sicuro che gli ospiti arrivassero prima di cena.
5   Non si sa se gli abitanti del paese siano gli stessi di 20 anni fa.
6   Non è certo che l'attore abbia l'AIDS.
7   Non era possibile che un bambino così piccolo sapesse parlare una lingua straniera.
8   È facile che uno straniero sbagli e che usi il 'tu' invece del 'Lei'.

112

1 È chiaro che la madre di Gianni sa che lui esce con me.
2 Non era sicuro che Laura potesse fare lo stage a Genova.
3 È evidente che gli studenti sono ben preparati.
4 È sicuro che noi finiremo prima di loro.
5 È probabile che tu abbia capito male quello che ha detto.
6 È molto difficile che gli studenti trovino uno stage di lavoro alla FIAT.

113

WP: Si dice che quest'anno le prenotazioni siano scese del 7%. Si sa che rispetto agli anni precedenti gli italiani spendono meno sui beni di lusso. È evidente che questo produce un effetto negativo per quanto riguarda le prenotazioni.

FB: Purtroppo, sarà vero. Comunque molti italiani preferiscono prenotare tardi, ed è anche possibile che la gente decida all'ultimo momento di partire, di andare al mare in Italia o anche all'estero.

JW: È sicuro però che la vita è più cara in Italia. Per me, è impossibile che una persona con famiglia a carico riesca a risparmiare molto.

SC: Infatti dicono che un solo stipendio non basti più; bisogna che lavori anche la donna per quadrare il bilancio.

FB: In Inghilterra è possibile vivere con un solo stipendio?

JW: È possibile sopravvivere, ma è difficile comprare i beni di lusso, fare delle vacanze all'estero, cose di questo genere. Comunque c'è chi prenota le vacanze già a gennaio. È facile che la gente spenda troppo comprando regali per i figli a Natale, e che poi si trovi in difficoltà quando arriva il momento di prenotare le vacanze.

WP: È chiaro che anche da voi la vita non è semplice.

114

CP: Allora, gli ospiti arrivano la sera prima per effettuare la registrazione, vero?

HM: Sì, quasi tutti. Quindi dovete essere come minimo due-tre alla Reception perché non sia troppo lenta questa prima fase. Bisogna che gli ospiti vengano sistemati tutti prima delle 19.30, in modo che scendano tutti per la cena alle 20.00.

CP: Va bene. Nessun problema. Infatti Teresa ha promesso di rimanere anche lei, proprio allo scopo di aiutarmi (proprio per aiutarmi).

HM: Ha detto così? È una brava ragazza, che fa di tutto pur di aiutare gli altri.

CP: Ecco, per quanto riguarda le camere, la 101 ha il rubinetto che perde. Devo chiamare un idraulico che lo aggiusti domani mattina. E perché non gli facciamo riparare anche la doccia nella 251?

HM: Buon'idea. Veramente ci vorrebbe una persona fissa che facesse anche il lavoro di manutenzione, invece di una persona da chiamare solo in caso di problemi.

115

Note that there may be more than one possible answer:

1 Il vigile parlava lentamente per farmi capire tutto.
2 Ha chiuso la porta per non far entrare nessuno.
3 Può mandarci il curriculum in modo che possiamo vedere se Lei ha l'esperienza necessaria per questo posto?
4 I conti venivano esaminati a gennaio perché i dirigenti potessero pianificare le spese per l'anno seguente.
5 Abbiamo scelto la strada più corta per arrivare in tempo per prendere il traghetto delle 7.00.
6 Molti inglesi scelgono di fare le vacanze in Italia per poter visitare le gallerie d'arte e i musei.
7 Mentre gli italiani preferiscono andare in albergo, gli inglesi spesso preferiscono affittare una casa per poter risparmiare soldi mangiando a casa.

8   Abbiamo bisogno di una segretaria che ci traduca le lettere in inglese.
    Abbiamo bisogno di una segretaria per tradurre le lettere in inglese.
9   Il mio capo era disposto a tutto pur di licenziarmi.

116

1   Siccome l'aereo è partito con un'ora di ritardo, i nostri parenti hanno perso la coincidenza.
    I nostri parenti hanno perso la coincidenza, perché l'aereo è partito con un'ora di ritardo.
2   Dato che i signori Varese lavorano tutti e due, trovano difficile occuparsi dei figli.
    Siccome i signori Varese lavorano tutti e due, trovano difficile occuparsi dei figli.
    I signori Varesi trovano difficile occuparsi dei figli, perché lavorano tutti e due.
    Lavorando tutti e due, i signori Varese trovano difficile occuparsi dei figli.
3   Siccome la scuola è finita il 22 dicembre, i ragazzi sono andati in montagna a sciare.
    Dato che la scuola è finita il 22 dicembre, i ragazzi sono andati in montagna a sciare.
4   Facendo parte dell'Unione europea, l'Italia deve adeguarsi ai provvedimenti europei sull'agricoltura.
    Siccome l'Italia fa parte dell'Unione europea, deve adeguarsi ai provvedimenti europei sull'agricoltura.
    Dato che l'Italia fa parte dell'Unione europea, deve adeguarsi ai provvedimenti europei sull'agricoltura.
    L'Italia deve adeguarsi ai provvedimenti europei sull'agricoltura perché fa parte dell'Unione europea.
5   Siccome gli studenti non avevano studiato per niente, sono stati bocciati agli esami dell'ultimo anno.
    Non avendo studiato per niente, gli studenti sono stati bocciati agli esami dell'ultimo anno.
    Gli studenti sono stati bocciati agli esami dell'ultimo anno perché non avevano studiato per niente.

117

Free choice answers – the following are only suggestions.
1   Faceva tanto freddo in montagna che abbiamo dovuto accendere il riscaldamento.
2   Il ragazzo era così antipatico che nessuno l'ha invitato a casa.
3   Sono ingrassata a tal punto da non potere mettere più niente.
4   Era bianca in faccia tanto da fare impressione.
5   Parlava così bene l'italiano che tutti la pensavano italiana.
6   La nostra insegnante era talmente stanca che si è addormentata in classe.
7   La nostra macchina è tanto scassata che non arriverebbe in Italia.

118

There may be more than one solution; the following are only suggestions.
1   Enrico aveva mangiato tanta pasta che non riusciva più a muoversi.
2   La mia fidanzata era tanto malata da non potere venire alla festa.
3   Era così simpatico che piaceva a tutti.
4   Pattinava così bene che è stato scelto per la squadra nazionale.
5   Avevamo così poco tempo che abbiamo dovuto abbandonare il progetto.

119

1   Il cuoco accende il forno prima di fare l'arrosto.
2   Dopo aver pagato tutte le bollette, siamo rimasti senza soldi.
3   Prima che i nostri amici ci accompagnino alla stazione, sarà meglio controllare l'orario del treno.
4   Dopo aver fatto il bagno nel mare, i bambini devono fare la doccia.

5 Devo guadagnare un po' di soldi prima di fare una vacanza.
6 Comprerò il giornale quando andrò a prendere il pane.
7 Vorrei essere in forma prima di andare a sciare.
8 Dopo che gli ospiti sono partiti, abbiamo pulito le camere e cambiato le lenzuola.
9 Quando sarò in vacanza, leggerò tutti i libri che non ho avuto tempo di leggere a casa.
10 Ho voluto tentare l'ascesa del Monte Bianco prima che fosse troppo tardi.

120 Free choice answers. These are only suggestions.
1 Se tu ti alzassi più presto, avresti più tempo per vedere gli amici.
2 Se mio marito non avesse venduto il televisore, avremmo potuto guardare *Neighbours*.
3 Se mi fossi sposata con un italiano, avrei dovuto lavare i piatti.
4 Se mi aveste chiamato, sarei venuta con voi al cinema.
5 Se il computer non fosse rotto, potrei finire questo libro prima di Natale.
6 Se avessimo scelto di andare in Italia invece che in Grecia, ci saremmo divertiti di più.
7 Se i nostri amici ci accompagnassero con la macchina, potremmo prendere il treno delle 8.30.
8 Se io vincessi la Lotteria, smetterei di lavorare.

121
1 Cosa faresti se perdessi il passaporto?
2 Cosa direbbe tuo marito se tu andassi al cinema con un vecchio amico?
3 Cosa direbbe tua madre se sapesse che tu fumi?
4 Cosa faremmo se perdessimo l'ultimo treno?
5 Cosa farebbero i bambini se la scuola fosse chiusa?

122
1 No, se mia figlia facesse un corso di nuoto, non avrebbe tempo per fare i compiti.
2 No, se sposassi Giuliano, dovrei fare tutti i lavori di casa io.
3 No, se comprassimo una casa in Italia, rimarremmo senza soldi.
4 No, se invitassimo l'insegnante di latino a cena, gli altri ospiti si annoierebbero.

123 More than one answer is possible.
1 Non riuscivo a mangiare niente anche se avevo fame.
   Non riuscivo a mangiare niente benché avessi fame.
2 Siamo riusciti a prendere l'aereo nonostante che siamo arrivati in ritardo.
3 Benché fosse un candidato ben qualificato, non è stato assunto.
4 Il libro ha avuto molto successo anche se l'autore era sconosciuto.
5 Il presidente è rimasto al potere benché fosse stato accusato di corruzione.

124
1 Accetto l'incarico purché mi diano un aumento di stipendio.
   Accetto l'incarico a condizione che mi diano un aumento di stipendio.
2 Tutti gli operai verranno licenziati a meno che non siano disposti a firmare il nuovo contratto.
3 Facciamo un'ora di ginnastica in palestra tutte le mattine tranne che quando siamo troppo impegnati.
4 Abbiamo sempre fatto tutto insieme – scuola, università, lavoro – da quando ci siamo conosciute, eccetto che lei non ha lavorato quando i figli erano piccoli.
5 Andiamo alla pizzeria Mamma Mia a meno che non preferiate andare al ristorante cinese.
6 Ti presto la mia macchina purché me la riporti intatta.
   Ti presto la mia macchina a condizione che me la riporti intatta.
7 Penso di tornare in Italia a meno che non mi offrano un posto qui a Oxford.
8 Ti chiamo stasera dall'albergo purché ci sia un telefono in camera.

3 Scenes

Scene 1
No Answer key (Completing the enrolment form)

Scene 2
Booking a summer language course: writing a letter

```
                              Spett. Scuola di Lingua Italiana
                                        Via del Mandorlo, 16
                                             50125 FIRENZE
     Spett. Scuola,
     Vi invio il questionario per l'iscrizione ai vostri corsi,
     debitamente compilato.
     Vi prego di iscrivermi al Corso Intermedio di Grammatica
     che si terrà dal 20 al 31 luglio p.v.
     Vi prego anche di prenotarmi una camera matrimoniale in
     pensione.
     Allegato alla presente lettera vi invio l'assegno per il
     pagamento della quota di iscrizione al corso, e per la
     prenotazione della pensione.
     Mio marito mi accompagnerà durante il soggiorno a Firenze.
     Poiché ci interessiamo di musica, vi prego di inviarmi, se
     vi è possibile, informazioni sulla attività musicale che si
     svolgerà a Firenze nel mese di luglio e le istruzioni per
     abbonarsi ai concerti del Teatro Comunale.
```

Scene 3
Planning your stay in Florence (letter to a friend)

Caro Antonio,

Finalmente sono riuscita a iscrivermi a un corso d'italiano a Firenze. Il corso sarà dal 20 al 31 luglio e, come già sai, verrà con me anche Philip. Avremo una stanza in pensione e, per trascorrere le serate, abbiamo intenzione di seguire il programma di concerti del Teatro Comunale.

Tu e Annalisa sarete a Firenze in quel periodo? Spero proprio di sì. Se sarete liberi, potremo passare qualche serata insieme e anche fare delle gite fuori città nei weekend.

A proposito, vorrei chiederti un favore. Potresti mandarmi qualche informazione sul costo di una macchina a noleggio per due settimane? Philip avrà molto tempo libero e vorrebbe visitare la Toscana, mentre io sarò impegnata nelle lezioni.

In attesa di avere vostre notizie, ti mando i più affettuosi saluti, anche da parte di Philip.

Joanna (Brook)

Scene 4
Final arrangements before leaving (making a telephone call)

These are possible answers to Antonio's questions in the telephone conversation:

Arriviamo il 18 sera a Pisa.

Grazie, sei molto gentile. Il numero del volo è BA761. L'arrivo a Pisa è previsto alle 19 e 15. Ma non c'è bisogno che veniate a Pisa. L'agenzia ci ha già prenotato il pullman fino alla stazione ferroviaria di Firenze. Parte ogni 20 minuti dall'aeroporto ed è anche gratuito. Saremo a Firenze prima delle 9.

Beh, spero solo che non vi disturberemo troppo. Ma di' ad Annalisa di non preparare nulla di speciale per cena. Basterà una bottiglia (o magari due!!) del vostro vino rosso. E al whisky ci penseremo noi, naturalmente. Abbiamo tante cose da raccontarci.

No Answer key (Writing your CV)

Writing business letters

Letter of application for a job

```
Spett. Linguaviva,
Con riferimento all'annuncio della vostra ditta per la
ricerca di un traduttore, comparso sulla stampa il 25.11
u.s., chiedo di partecipare alle prove di selezione dei
candidati ed invio, in allegato, il mio curriculum vitae,
completo di tutte le mie generalità.
Distinti saluti                                    Thomas Hughes
```

Change of address

```
Il sottoscritto Thomas Hughes, comunica a codesto ufficio
il proprio cambiamento di residenza. A decorrere dalla data
di oggi la propria residenza e domicilio fiscale sarà il
seguente:
                                           Thomas Hughes
                                           Via Luciano 34
                                             10131 Torino
Il sottoscritto chiede a codesto Ufficio di voler inviare
tutta la corrispondenza al suddetto indirizzo.
Distinti saluti                                    Thomas Hughes
```

A job interview

Q: Quali conoscenze ed esperienze sono richieste per questo lavoro?

PM: ...

Q: Dove si svolge il lavoro? È richiesta la presenza in ufficio?

PM: ...

Q: Quali spese sono rimborsate? E con quale procedura?

PM: ...

Q: Quanti giorni di ferie all'anno sono previsti?

PM: ...

Q: Come è composta la retribuzione?

PM: ...

Job stability in Italy and the USA (dialogue)

GS: When I was in America I changed my job very frequently. In five years I worked in six different schools.

AA: How long were you in Atlanta?

GS: Two years in all, and I had three different employers. It was almost impossible to stay longer then a year in the same school, so I had to change twice. You have to get used to this system if you want to work in America.

AA: Well, here jobs are more stable. For example I've worked in this school for three years and I have never had any reason to change. However even in Italy it's become difficult to have a job for life. You are almost always offered a fixed-term contract, which is then renewed only if the employer considers it appropriate.

GS: Yes, however in Italy it's possible to find a job in the public sector, which generally guarantees security and pension arrangements. The problem is that the job opportunities are few. When I was in Atlanta, there were the Olympics, and it was easy to find work as an interpreter or guide.

AA: Certainly temporary jobs are useful to top up your salary, but usually they are badly paid. How much did you earn when you worked as an interpreter?

GS: Around 120 dollars a day. If I had worked all the time like I did during the Olympics, I wouldn't have had any financial problems. In America a teacher's salary isn't enough to live well.

AA: Well, that's true in Italy as well, although the cost of living is lower.

Scene 9 — **Job stability: creating a 'narrative' text (reported speech)**

Giorgio Sanfilippo è un insegnante che ha lavorato negli Stati Uniti per cinque anni. In cinque anni ha cambiato scuola sei volte. È stato ad Atlanta per due anni e lì ha avuto tre datori di lavoro differenti. Era quasi impossibile rimanere nella stessa scuola più di un anno ed ha dovuto cambiare due volte. In America bisognava abituarsi a questo sistema se si voleva lavorare.

Secondo la sua collega Anna Maria Anelli in Italia gli impieghi sarebbero più stabili. Lei lavora nella stessa scuola da tre anni e non ha mai avuto occasione di cambiare. Comunque lei pensa che anche in Italia sia diventato difficile avere un lavoro stabile. Quasi sempre i datori di lavoro offrono contratti di lavoro a tempo determinato, che poi rinnovano se lo ritengono conveniente.

Secondo Giorgio in Italia è più facile trovare un posto di lavoro nel settore pubblico, che garantisca sicurezza e una pensione. Ma in Italia le opportunità di lavoro sono abbastanza scarse. Invece, quando lui era ad Atlanta, è stato facile trovare lavoro come interprete o traduttore, perché c'erano le Olimpiadi. Guadagnando circa 120 dollari al giorno con questi lavori saltuari, Giorgio poteva integrare lo stipendio da insegnante, che è piuttosto basso, e da solo non basterebbe per vivere.

Scene 10 — **No Answer Key (Your own career history)**

Scene 11 — **Are you a leader?**

(a) ti presenti a tutti e ti metti a chiacchierare senza problemi
(b) cerchi di dirgli perché non sei d'accordo e di discutere una soluzione alternativa
(c) comunichi immediatamente ad amici e colleghi quello che ti è successo e le ragioni della tua gioia
(d) ti comporti sempre e comunque con naturalezza
(e) decidi il più rapidamente possibile, seguendo il tuo istinto
(f) cerchi di controllarti e di evitare, se possibile, un litigio aperto
(g) il tuo motto preferito dovrebbe essere: 'Non rimandare a domani quello che potresti fare oggi'.

Scene 12 — **Finding accommodation**

SP: Hai trovato un appartamento, Jonathan?
JW: *No, ma ho una stanza presso una famiglia.*
SP: Ah, ho capito. E tu, Mark?
MG: Ho trovato un appartamento con altri tre stagisti: uno di Salford, una ragazza spagnola e una di Luton. È comodo, perché è vicino al lavoro, ma stiamo un po' stretti.
LH: *State stretti? Devi dividere una stanza?*

MG: *All'inizio, dovevo dividere una stanza con uno spagnolo, che poi se n'è andato, e adesso da 2 giorni ho la stanza tutta per me.*

CP: *Io sono fortunata. Ho una stanza tutta per me, in casa dei miei amici. Non pago l'affitto; posso andare al lavoro a piedi, e mangio tutti i pasti all'albergo.*

LH: Come hai trovato la stanza, Jonathan?

JW: *Prima ho chiesto ai miei colleghi se qualcuno avesse/aveva una stanza libera. Ma nessuno poteva aiutarmi. Poi mi ha offerto una stanza la parente di un mio collega. Sono lì da una settimana ormai. Mi trovo benissimo.*

SP: Mark, il tuo appartamento era già attrezzato, o hai dovuto comprare delle cose?

MG: *Ho dovuto comprare delle lenzuola. Non le ho portate dall'Inghilterra perché non avevo capito che mi sarebbero servite. Pensavo che il padrone di casa me le avrebbe date.*

SP: Laura, il tuo appartamento a Genova invece, è un po' lontano dall'università dove lavori. Come sono i trasporti?

LH: *Prendo l'autobus; ci sono 2 autobus all'ora, uno all'ora la sera o la domenica. Costa solo 1500 lire il biglietto, o 15,000 lire alla settimana.*

MG: *Io vado a piedi; ci vogliono solo 5 minuti da casa mia al lavoro.*

CP: Anch'io. Udine è piccolissima come città. Non c'è bisogno della macchina.

Scene 13

Translating a business letter into English

DS: Camilla, ci puoi dare una mano a tradurre questa lettera? Il direttore ha scritto ad un'agenzia di viaggio americana. Lui ha scritto in italiano, e vuole che noi traduciamo la lettera in inglese.

CP: Certo. Me la leggi?

DS: Allora, la prima fase da tradurre è: 'Egregio Direttore, Totem Travel, Lompoc, California . . .'

CP: Prima di tutto, di solito in inglese non mettiamo 'Egregio Direttore', ma piuttosto *Dear Director* or *Dear Sir* or *Madam* oppure mettiamo il cognome.

DS: Poi . . . 'con riferimento alla vostra lettera del 5 maggio u.s.'

CP: OK, allora metti '*with reference to*' oppure '*referring to your letter of . . .*'

DS: '. . . e alla vostra proposta di far venire gruppi di turisti americani ultrasessantenni in Liguria a partire dall'anno prossimo.'

CP: Piano, piano. Dunque '*and your proposal to bring groups of American tourists, over-sixties, to Liguria starting from next year*'.

DS: 'Avremmo bisogno di ulteriori informazioni'

CP: Uhmm, allora '*We need further information . . .*'

DS: '. . . che ci aiutino a valutare la situazione riguardo ai vostri clienti'

CP: Dunque . . . '*that would help us evaluate the situation concerning your clients*'

DS: 'Quando avremo un quadro più completo della situazione, saremo in grado di prendere una decisione a proposito.'

CP: Io direi: '*When we have a more complete picture of the situation, we will be able to take a decision regarding this.*'

DS: Poi c'è quest'ultima frase: 'Nel caso di eventuali cambiamenti di indirizzo o altre generalità, si prega di compilare il modulo allegato.'

CP: '*In case of . . .*' No, ecco, mettiamo '*If there has been any change of address or other details, please complete the attached form.*'

DS: 'Nel frattempo, vi inviamo distinti saluti.'

CP: Ma, io direi semplicemente '*Yours sincerely*' oppure '*Sincerely*'. Certo, le lettere italiane sono sempre più formali di quelle inglesi o americane. Noi diciamo le cose in modo più semplice, più diretto.

Learning how to use office equipment

Using *tu*

inserisci, regola, solleva, seleziona, premi, riaggancia, inserisci, aspettare, scegli, premi, metti, chiudi, seleziona, dimenticare, premi, sta', lasciare, spegnila

Using *Lei*

inserisca, regoli, sollevi, selezioni, prema, riaggancia, inserisca, aspetti, scelga, prema, metta, chiuda, selezioni, dimentichi, prema, stia, lasci, la spenga

Asking how to do something

1 QUESTION: Come si manda un fax?
  REPLY: Si preme il tasto 'Avvio'.

2 QUESTION: Quando si inserisce la seconda pagina?
  REPLY: Bisogna inserirla subito dopo la prima.

3 QUESTION: Come si seleziona il formato della carta?
  REPLY: Bisogna premere il tasto 'A3/A4'.

4 QUESTION: Come si spegne la fotocopiatrice?
  REPLY: Si deve premere il tasto 'Power'.

5 QUESTION: Dove si trovano gli indirizzi dei clienti?
  REPLY: È necessario cercare nell'archivio.

6 QUESTION: Come si scrive 'airmail'?
  REPLY: Si scrive 'posta aerea'.

7 QUESTION: Come si fa un numero telefonico esterno?
  REPLY: Occorre fare il prefisso 9 prima del numero.

8 QUESTION: Come si risponde se chiedono del direttore?
  REPLY: Ti consiglio di rispondere: 'Attenda un momento, controllo se è in ufficio'.

9 QUESTION: Che cosa si scrive alla fine di una lettera?
  REPLY: Si scrive: 'Distinti saluti'.

10 QUESTION: Come si dice: 'Hold on a second'?
  REPLY: Bisogna dire: 'Attenda un momento, prego'.

11 QUESTION: A che ora si va a pranzo?
  REPLY: Si va all'una e si torna alle due.

12 QUESTION: Quando si chiudono le porte?
  REPLY: Si chiudono alle cinque.

13 QUESTION: Come si accende la stampante?
  REPLY: Si deve premere il tasto 'Power'.

14 QUESTION: Come si inserisce la carta nella stampante?
  REPLY: Si inserisce nelle guide.

15 QUESTION: A chi si chiede il materiale di cancelleria?
  REPLY: Ti consiglio di chiedere all'ufficio economato.

Getting someone to do something

1 *Tu* Falli riposare un po'.
  Lei Li faccia riposare un po'.

2 *Tu* Fammi avere una risposta al più presto.
  Lei Mi faccia avere una risposta al più presto.

3 *Tu* Fagli rispondere dall'ufficio contabilità.
  Lei Gli faccia rispondere dall'ufficio contabilità.

4 *Tu* Per favore, Paul, non farmi impazzire. Dammi la cartella.

Lei	Per favore, Paul, non mi faccia impazzire. Mi dia la cartella.
5	Ieri il direttore ci ha fatto aspettare un'ora.
6 *Tu*	Ti farò avere quelle lettere domani.
Lei	Le farò avere quelle lettere domani.

Scene 17

Deciding where to hold the conference

CM: Allora passiamo al congresso internazionale dell'anno prossimo.

AF: *Dove si svolgerà il congresso? Chi è che dovrebbe organizzarlo?*

CM: Il congresso dell'anno prossimo sarà in Italia, e quindi tocca a noi qui alla sede italiana decidere dove e come organizzarlo.

AF: *Ho capito. Beh, a mio parere, dovremmo scegliere un posto migliore di quello dell'anno scorso. Quello dell'anno scorso era in un bel posto, ma la cucina faceva schifo.*

DM: Sì, sono d'accordo. Il peggiore di tutti gli alberghi che abbiamo avuto finora . . .

CM: *No, sbagli. L'albergo che abbiamo avuto in Germania era il peggiore che abbiamo mai avuto. Era più comodo di quello francese e più tranquillo di quanto ci eravamo aspettati, ma la cucina era tanto schifosa quanto quella in Francia, e molto più cara.*

DM: Per quanto riguarda il prezzo, almeno in Italia dovrebbe essere meno caro . . .

CM: *Di solito dipende dal numero di stanze che chiediamo e dalla durata del soggiorno. Quante persone dovrebbero venire? Quanto tempo dura il congresso? Alcuni delegati porteranno anche i loro partner?*

AF: *Alcuni dirigenti portano sempre i loro partner; altri preferiscono lasciarli a casa. L'ingegner Bianchi, per esempio, porta sempre sua moglie; l'avvocato Palmi, invece, non porta mai il marito.*

DM: Cosa ve ne pare della Sicilia?

AF: *Buon'idea. A me piace tanto la Sicilia.*

CM: *A me invece no. Io preferirei un posto al nord. Se scegliessimo i laghi?*

DM: I laghi piacciono a tutti ma gli alberghi sono cari.

CM: *La Sicilia è scomoda. A me non mi va l'idea di dover organizzare il trasporto da Milano o da Roma per quelli che vengono da altri paesi.*

AF: *Neanche a me.*

DM: Non c'è problema. Per Palermo ci sono voli diretti da Londra o da New York, da Parigi o da Monaco di Baviera.

AF: *Va bene, dato che tu conosci tutti i particolari, forse te la sentiresti di organizzare tutto?*

Scene 18

Reserving a room by telephone

MARK: Anna, come si fa a prenotare un albergo?

ANNA: Fallo prenotare alla segretaria.

MARK: Per favore, aiutami tu. La segretaria è andata a pranzo.

ANNA: Va bene, dammi il numero di telefono.

MARK: Eccolo. Chiedi una stanza singola.

ANNA: Aspetta. Fammelo scrivere.

MARK: Chiedi anche se si può pagare con la carta di credito.

ANNA: . . . e ricordati di farti dare la ricevuta.

Scene 19

Complaining about a colleague

```
Caro direttore
Siamo un gruppo di operatori turistici in una piccola città
della Sicilia. Lavoriamo in un ambiente familiare e in
un'atmosfera di confidenza. Ma sei mesi fa è stata assunta
```

una nuova impiegata molto screanzata e sono iniziati gli
inconvenienti.
È una chiacchierona, si intromette negli affari di tutti e
parla male continuamente dei colleghi. Quando qualcuno ha
un problema inizia a deriderlo ed è tanto fastidiosa che
non si ferma di fronte a questioni intime o di salute. Ha
fatto scoppiare una lite fra un collega e sua moglie,
raccontando a lei di una relazione ipotetica fra lui e
un'altra donna. Infierisce con insistenza su un altro che,
separato dalla moglie, confessa di non avere più rapporti
sessuali. Inoltre quando entra in ufficio non saluta
nessuno e fa finta di niente. È prepotente e boriosa con
gli impiegati dipendenti. È così tirchia che non
contribuisce neppure alla cassa comune per il caffè (salvo
poi per berlo, senza ringraziare). Con il direttore si
comporta da adulatrice, senza vergogna.
Prima le abbiamo parlato con le buone, poi con le cattive,
poi abbiamo provato a far finta di niente, ma niente: non
ce la facciamo più! Cosa ci consiglia di fare?
Lettera firmata

Scene 20

Bad manners and good manners

Buone maniere

1 Salutare tutti quando si entra in ufficio.

3 Quando un cliente fa delle domande si risponde: 'Prego, mi dica'.

5 Quando il caffè non è buono si dice: 'È un po' troppo forte per me!'

7 Quando qualcosa non ci interessa si dice: 'Mi dispiace, ora non ho tempo'.

9 Manifestare entusiasmo e interesse per il lavoro.

Cattive maniere

2 Immischiarsi negli affari privati degli altri.

4 Essere sempre in ritardo agli appuntamenti.

6 Per chiedere una penna si dice: 'Dammi quella penna!'

8 Per chiedere a qualcuno di andarsene si dice 'Vattene via!'

10 Essere altezzosi e intolleranti quando un collega commette un errore.

Scene 21

Optimists and pessimists

Risposte ottimiste

Ci mancherebbe altro! Ho lavorato sodo ed ero certa di aver fatto bene.

Beh! Qualche errore è inevitabile.

Non aspettavo altro che questa occasione. Ce la metterò tutta!

Risposte pessimiste

Meno male! Sono stata fortunata!

Mi dispiace. È proprio colpa mia.

Non sono sicura di farcela. Forse non dovrei accettare.

Scene 22

Camilla's dilemma

Conditional   dovrei, avrei, potresti, riuscirei, sarebbe, vorrei, dovresti, farei
Future   dovrò, avrò, potrai, riuscirò, sarà, dovrai

Scene 23

Silvana and the 'older man'

ROSARIA: Silvana. Mi sembra che tu stia esagerando con quell'uomo. Gli stai sempre appiccicata addosso come un francobollo.

SILVANA: Senti, mamma. Io sono sicura che non sto facendo niente di male. E poi, forse ti sei dimenticata quello che provavi quando anche tu avevi 17 anni.

ROSARIA: No, ti sbagli. Mi ricordo perfettamente le mie prime esperienze d'amore. Solo che io avevo 23 anni e tu ne hai ancora 17. Può darsi che tu non mi creda, ma alla tua età io mi sentivo ancora una bambina.

SILVANA: Tu pensi che io sia ancora una bambina? Beh, ti sbagli tu! Io so con certezza che Max mi ama, e non ho nessun dubbio sui miei sentimenti. Può darsi che questa cotta mi passi. Però puoi stare sicura che non si tratta di un gioco da bambini.

ROSARIA: Senti Silvana. Scusami se ti ho offesa. Spero che tu possa capire la mia preoccupazione e ti chiedo solo di essere prudente. Non so se sia giusto interferire nei tuoi affari di cuore. Ma sono sicura che, come madre, devo offrirti tutti i consigli che mi sembra ti siano necessari.

Scene 24

Falling in love with the boss

7 Tutto cominciò quando, nello studio legale dove lavoravo, arrivò Alfredo Mirante, un giovane avvocato scapolo e molto attraente.

2 Era ricco, elegante, e sembrava che fosse disegnato apposta per fare innamorare una giovane segretaria come me.

8 Poiché lavoravo già da un anno in quell'ufficio, la mia esperienza gli era molto utile, e presto diventò indispensabile per il suo lavoro.

6 Il nostro rapporto, che all'inizio era solo professionale, diventò sempre più intimo.

5 Andavamo sempre a pranzo insieme e presto cominciammo a vederci anche fuori dall'ufficio. Io non potevo fare a meno di sognare il mio futuro insieme a lui.

4 Un uomo come lui, per cui la carriera era la vera ragione di vita, aveva bisogno di una donna come me, che mettesse il lavoro al primo posto.

1 Finalmente un giorno mi chiese di sposarlo: 'Avremo una vita splendida insieme. Tu ed io crediamo negli stessi valori.'

3 Quella sera, dopo cena, mi portò nel suo appartamento e facemmo l'amore. Poi, teneramente abbracciati, passammo la notte a fantasticare sul nostro futuro.

Cross-references to Modern Italian Grammar

List of structures and functions practised, cross-referenced where appropriate to Modern Italian Grammar (the MIG numbers refer to chapter numbers not page numbers):

Section 1

Section 2

Section 3

Scene	Function(s) or skills practised	MIG
	(Structures are shown in brackets but can also be found in the index.)	
1	giving personal details	8.1–6
2	writing a formal letter	41
3	writing an informal letter	n/a
	translating from English to Italian	n/a
	making arrangements, future plans	14.1–5
	(personal pronouns)	
4	making arrangements	n/a
	making a telephone call	43
	numbers, dates, times	7.7, 7.9
5	writing a CV	n/a
	giving personal details	8.1–6
6	writing a formal letter (application for a job)	40.5
7	formulating questions	15
	(passive)	19.1–2
8	gist translation into English (of a dialogue)	n/a
9	reporting events (direct into indirect speech)	31
10	giving personal information	8.1–6
	(past tense)	13
11	free writing exercise: complete the sentence	n/a
12	asking questions: asking for and supplying information	15
	talking about the past	13
	(past tenses, passive, negatives, indefinites,	
	indirect speech, use of **da** to express past	
	time, frequency, prepositions)	13.7.1, 36.5.1
13	translating into English (business letter)	n/a
	standard business letter phrases	41
	using conditional to express politeness	22.1.1, 22.4.1, 22.4.3, 23.2.1
	(use of passive: abbreviations, future)	
14	giving instructions, asking for instructions	21.1, 21.3–4
	(imperative verb form: **tu, Lei**)	
15	asking how to do something	19.4, 23.3.1, 23.3.5, 40.6
	(interrogatives, **si** *impersonale,* **si** *passivante,* **bisogna, occorre**)	
16	getting somebody to do something	21.5
	(**far fare**)	
17	making arrangements, making comparisons	17
	asking questions	15
	expressing opinions, agreements: likes, dislikes	27
	talking about future plans, proposals	14
	using titles	8.3.4, 20.2, 20.9, 41.2.3, 41.3
	(interrogatives; 'some'/'others')	
18	giving information, requesting information	8
	reserving a room by telephone	n/a
19	describing someone	10
	vocabulary improvement: finding synonyms	n/a
	describing behaviour and character	10
20	describing behaviour	10
	(use of infinitive as verbal noun)	2.3.1

Terminologia

For those students using a textbook written entirely in Italian, the English grammatical terms can be confusing (and vice versa). To help you, we supply below a list of English terms used in this workbook and their Italian equivalent (or near-equivalent) with examples where possible:

English term

Italian equivalent

Noun group

Gruppo nominale

English term	Italian equivalent
noun	nome, sostantivo **ragazzo, casa**
gender male/female	genere maschile/femminile
number singular/plural	numero singolare/plurale
agreement	accordo
adjective	aggettivo **grande, inglese, stupido**
adverb	avverbio **bene, male, rapidamente**
comparative	comparativo **più grande, più stupido**
superlative	superlativo
absolute superlative	superlativo assoluto **grandissimo**
relative superlative	superlativo relativo **il più grande**
article	articolo
definite article	articolo determinativo **il, la, lo** etc.
indefinite article	articolo indeterminativo **un, una, uno** etc.

Verbs

Verbi

See also Moods, Tenses

English term	Italian equivalent
auxiliary verbs	verbi ausiliari **avere, essere**
impersonal verb	verbo impersonale
intransitive verbs	verbi intransitivi **essere, andare, nascere**
modal verbs	verbi servili, verbi modali **dovere, potere, volere**
pronominal verbs	verbi pronominali **pentirsi, vergognarsi**
reflexive verbs	verbi riflessivi **lavarsi, vestirsi**
transitive verbs	verbi transitivi **mangiare, parlare**

Moods

Modi

English term	Italian equivalent
indicative	indicativo
conditional	condizionale
subjunctive	congiuntivo

imperative	imperativo
infinitive	verbo all'infinito
gerund	gerundio **parlando, scendendo, partendo**
participle	participio
present participle	participio presente **cantante**
past participle	participio passato **cantato**

Tenses

Tempi dei verbi

Indicative

Indicativo

present	presente **(io) parlo, (tu) parli**
present continuous	presente progressivo **stare** + gerund
future	futuro **parlerò**
future perfect	futuro anteriore **avrò parlato**
imperfect tense	imperfetto **parlavo**
past definite, past absolute	passato remoto, passato semplice **parlai**
perfect	passato prossimo, passato composto **ho parlato, sono andato**
pluperfect	trapassato **avevo parlato**
past anterior	trapassato remoto **ebbi parlato**

Conditional

Condizionale

present conditional	condizionale presente **parlerei**
past conditional	condizionale passato **avrei parlato**

Subjunctive

Congiuntivo

present subjunctive	congiuntivo presente **(che) io parli**
imperfect subjunctive	congiuntivo imperfetto **(che) io parlassi**
past/perfect subjunctive	congiuntivo passato **(che) io abbia parlato**
pluperfect subjunctive	congiuntivo trapassato **(che) io avessi parlato**

Pronouns

Pronomi

personal pronouns	pronomi personali
subject pronouns	pronomi soggetto **io, tu, lui** etc.
direct object pronouns	pronomi diretti **mi, ti, lo, la** etc.
indirect object pronouns	pronomi indiretti **mi, ti, gli, le** etc.
combined object pronouns	pronomi combinati, pronomi doppi **me lo, glielo** etc.
stressed pronouns	pronomi tonici/disgiuntivi **(con) me, te, lui**
demonstrative pronouns	pronomi dimostrativi **questo, quello** etc.
demonstrative adjectives	aggettivi dimostrativi **questo, quel** etc.
indefinite pronouns	pronomi indefiniti **qualcuno, qualcosa** etc.
indefinite adjectives	aggettivi indefiniti **qualche, alcuni** etc.
possessive pronouns	pronomi possessivi **(il) mio, tuo, suo** etc.
possessive adjectives	aggettivi possessivi **mio, tuo, suo** etc.
relative pronouns	pronomi relativi **che, cui** etc.

Other	Altro
adverbs	avverbi **bene, male, velocemente**
interrogatives	interrogativi **chi, come, cosa, dove, quale, perché, quando**
negatives	negativi **non, non … ancora, non … più**
numbers (cardinal)	numeri cardinali **uno, due, tre …**

Prepositions	Preposizioni
prepositions	preposizioni **in, a, da, di, su, per** etc.
preposition + article	preposizioni articolate **nel, sul, dal, del** etc.

Clauses, sentences	Frasi
complex sentence	frase complessiva
concession clause	frase concessiva
conditional clause	frase condizionale
direct speech	discorso diretto
exception clause	frase eccettuativa
hypothetical sentence	periodo ipotetico, frase ipotetica
impersonal **si**	**si** impersonale
indirect speech	discorso indiretto
interrogative clause/sentence	frase interrogativa
passive construction	forma passiva
purpose clause	frase finale
reason clause	frase causale
reported speech – see indirect speech	
result clause	frase consecutiva
subordinate clause	frase subordinata, frase dipendente, frase secondaria

Index

The numbers refer to exercises or scenes. Exercises in Sections 1 and 2 are numbered from 1 through to 124, while scenes (Section 3) are numbered from S1 to S24.